ちくま学芸文庫

私の憲法勉強

嵐の中に立つ日本の基本法

中野好夫

筑摩書房

まえがき

1の章「わたしの憲法勉強」でこの「まえがき」で述べるべきことは、すべて述べました。ここでは屋上、屋を架すようなことになりますので、もうくりかえしません。
要するに、この本は、専門学者の書いた憲法の本ではないということです。ただ一方に、現在の日本国憲法になにやかやと難クセをつけ、改憲論の主張がさかんになりましたので、ひとりの市民として、これはひとつ憲法を勉強しておかなければ危険だと思い、もっぱら相手方、改憲論の主張点ばかりねらって勉強したようなものです。ですから、読者であるあなた方のだれでも、勉強しようと思えばできるようなことばかりのはずです。わたしといっしょになって勉強していただければ幸いだと思います。

一九六五年八月

中野好夫

目次

私の憲法勉強　嵐の中に立つ日本の基本法

1　わたしの憲法勉強

1　いっしょに勉強を

わたしと憲法

憲法関係の書物はいままでにも数多く出ています。そうしたなかにあって、専門外の素人《しろうと》が書いたわたしのこの小著などは、まことにみすぼらしいものであることはよく知っています。だが、そんなものでも出版することに同意しましたについては、わたしなりに三分の理由はあったつもりです。そのことからまず述べておきたいと思います。

わたし自身は、いうまでもなく憲法学者ではありません。法律学者ですらもありません。専門学問的にいえば、憲法や法律に関してはまるでずぶの素人です。したがって、もしこんな書物でも多少の読者が得られるものとすれば、おそらくはわたしが、大多数の読者諸氏と同じような、典型的な一般市民であるという意味からでしょう。では、そんなわたしがなにを勘ちがいして憲法関係の問題をしゃべったり、書いたりしたか。よけいなお世話かもしれません。引っ込んでいろという人もおられるかもしれません。

敗戦で思い知る

それについては、戦後やはり社会時評みたいな拙稿を集めて本にしたとき、それについて書いた「まえがき」の一節を引用させていただきます。本書についても、趣意はそのまま同じだからです。

「いまふりかえってみても、敗戦前までのわたしは、ほとんどこの種専門外の文章は書いていない。むしろ政治のことは政治家に、外交のことは外交家に、軍事のことは軍人に、つまり、それぞれ専門家にまかせておいて、わたしなど素人がよけいな口出しなどすることはない、というくらいにさえ考えていたように思う。もちろんいいたいことがなかったわけではない。のどから手が出るほど、批判したいこともずいぶんあった。だが、それでもまだ、まあわたしなど専門外のものの発言するまでもあるまい、というような気持ちで、とにかくこの種の文章は書いていなかった。……そうしたわたしの暢気《のんき》さを、あたかも目からウロコでも落ちるみたいに啓発してくれたのは、なんといっても敗戦の事実だった。敗戦後、多くの日本人はだまされていた、といった。わたし自身は、だまされていたとはいいたくないが、しかしそれにしても信じたいと思っていた専門家諸氏が、実はすこしも信じるに値しない人たち、いや、それどころか、平気で国民をだましてなんとも思わない、おそるべき人間どもであることを、いやというほど思い知ったことは事実である。そこでわたしの思ったことは、もう二度とけっしてだまされまいぞ。いや、わたしひとりだけではなく、日本国民全体が、二度とふたたびだまされない国民にならなければウソだ、ということであった。わたしたちの国民生活や社会生活をめぐって、つぎつぎと起こってくる問題を、もはや専門家まかせでその判断を頂戴しているばかりではいけない。とりわけ政府などはいちばん信用がならない。やはりめんどうでも、たいへんでも、問題そのものを自分自身で勉強して、とにかく自分なりに悔いのない、責任のもてる判断をつくるようにしなければだめだ。それがむしろ市民としての義務、責任だというふうに考えるようになった。」

いっしょに勉強を

以上、引用のなかの時評という言葉を憲法問題とさえ言い変えていただけば、あとわたしの考えはすこしも変わっていません。「私の憲法勉強」と題することにしましたが、つまり、ここに収めたいくつかの文章は、要するにわたし自身の勉強を、そのままお伝えしただけのことで、けっして権威ある専門学者が、あなたがたに上から講習するというようなものではありません。ただし、わたしたちめいめいが、それぞれ孤立して同じ勉強の骨折りをくりかえすよりも、むしろわたしの勉強を公開して、無駄と労力をすこしでもなくそうと思っただけのことで、要するに、いっしょに勉強するつもりで読んでいただければ、そのほうがありがたいのです。

わたしの使った材料

ここに収めた文章の一つが、ある雑誌に載ったときのことですが、たまたまある論壇月評家の俎上《そじょう》にのぼされました。いちおうの評価をいただいたようですが、ただ最後にただし書きが一つありました。——つまり、こんなことはすべてみなすでに知られている事実ばかりで、なに一つ新しいものはない、という趣旨のものでした。これにはまったく一言もありません。まことにそのとおりで、いわゆるとっておきの新事実などというものは、なに一つもちあわせていないのです。わたしのような素人市民でも、すこし注意して新聞や雑誌や、また憲法改正問題研究書や憲法調査会議事録などのいくつかを読み、それを記憶にさえとどめておけば、これはもうすべて既知の事実ばかりなのです。いわゆる秘録とか秘密情報とかいったような資料は、なに一つもちあわせていません。もちろん、いまでは入手困難になったような印刷物も、多少は使っていますが、大部分は見ようと思えばだれにでも手にはいる活字になった材料ばかりを使っているはずです。いわゆる人づてだけに聞いた個人的な談話などは、むしろ意識的に除いたくらいです。たとえどんなにおもしろく、どんなにおもしろそうなものでも、たしかな根拠のないものは絶対に避けたかったからです。

2　ふたたび悲劇を起こさないために

「わからない」ことが悲劇に結びつく

そんなわけで、前にも引いた論壇月評家のような有識者にとっても、まことにその批評どおり、なに一つ新しい事実などないのは当然です。だが、世間は必ずしも論壇月評家のような有識市民ばかりとはかぎりますまい。その証拠には、先にも述べましたように、憲法問題に関する世論調査がなされるたびに、いまもっていわゆるＤ・Ｋ・グループ、つまり、わからないと答える人たちが半分近く——問題によっては実に過半数を占めていることから見てもわかりましょう。しかも忘れてならないことは、かりにひとたび憲法改正が進行するとすれば、そしてそれが憲法第九十六条に規定されている手続きの国民投票にかかるとすれば、この半数を前後するＤ・Ｋ・グループの人も、やはり賛否どちらかの一票を投じなければならないのであり、いわば自分たち将来の運命を決定する力を握っているといってもいいのです。改憲か、護憲か、それは国民の決定することですから、その成否はなんともいえませんが、かりにもしこの大きなＤ・Ｋ・グループが運命を左右することになり、あとで、そんなはずではなかったというのでは、いくらなんでも成仏しきれないものがあるのではありますまいか。いずれにしても、「わからない」「知らない」の票で、この問題の決着がつけられるということだけは、起こらせたくないのです。

政治論を中心として

それからもう一つ。憲法改正問題といいましても、ここに収めたいくつかの文章は、ひろく憲法問題の全般にわたっているわけではありません。改憲問題の純法律的な側面よりも、政治的な側面を扱ったものばかりが、すべてといっていいと思います。その点は、はなはだつり合いを欠いていることはよくわかっていますが、これはわたし自身が専門外の一般市民であるとか、はじめから案内書として計画的に書いたものではないというような理由のほかに、現在起こっている改憲論は、それが多分に政治的なものであるという理由にもよるものであることを、理解していただきたいと思います。

もともと憲法をつくるとか、憲法を変えるとかいうことは、東西古今、どこの国でも、いつの時代でも、けっして純粋な法律の問題だけではない。多分にそれは政治的な行為であるのが常ですが、とりわけ現在わたしたちの周囲に起こっている改憲論には、そうした政治的要請が強い推進力になっていることが明瞭《めいりよう》です。だからこそ、およそ法律論とは縁のない「押しつけ」論、「自主的憲法」論議などが、終始強力に打ち出されていることは、ご存じのとおりです、しかも改憲の問題が、法律学者ならぬ大多数一般市民に訴えかけられるかぎり、こうした政治論がまず雰囲気《ふんいき》醸成の手段として、いよいよ前景に押し出されることは当然です。そこでわたしなどの折りにふれて発言したものが、おのずからまた相手方の政治論に対応することになったのは、これまた当然というほかありません。前にもいった構成のアンバランスは、そうしたことからも起こった偏《かたよ》りとして、諒承《りょうしょう》をねがいたいと思います。

わたし自身のした世論調査について

なお、最後の章の「日本人の憲法意識」は、わたし自身が何人かの知人と協力して行なった世論調査をもとにしたものです。しかし、ごらんのとおり、これはまことにささやかな豆調査です。したがって、これから大きな概括的結論を引き出すには、ずいぶん不完全なものであることはよく承知しています。だが、どこからも金の出るわけでありませんので、実はこれもわたしひとりのポケット＝マネーでやったわけですが、たったこれだけのことでも十二、三万円はかかったことを覚えています。逆にいえば、これ以上に手をひろげることはとうていできなかったということです。

だが、出たこの結果はとにかく、質問表のつくり方にはかなり苦心を払ったつもりですし、その点ではいまでもいささか自信をもっています。ですから、質問表もそのままついでに出しておきました。もちろん調査を行ないましたのは、いまからいえばもう七年も前、昭和三十三年の秋でしたから、いまではもうこの質問がそのまま妥当だとはけっして思いません。だが、同時に、今日の状況に即して多少の修正を加えてさえいただければ、いまでも十分使用にたえるかとも思うのです。付録として出しました意味は、どんな小さな範囲でもよろしいから、できればこれを修正したものを利用して、どなたでもよろしい、地域なりグループなりの憲法意識の調査を試みてもらいたいと思います。相当信頼のできる意識調査が、五年おきなり十年おきなりにできていれば、変化を見るうえにどんなに役に立つか、そのことを考えたからです。

また付録につけました松本案、政府発表の要綱案（三月二日）などは、本文をお読みになるうえに参考になるかと思ってつけておきました。現在の日本国憲法はどこでもごらんになれましょうが、明治憲法のほうは、いまではもう一般には目にふれられなくなりましたから、松本案との対比ということもあって、全文を載せてみました。

2　いわゆる「押しつけ」にいたるまで

1 再燃する「押しつけ」憲法論

素朴《そぼく》な「押しつけ」憲法論

現在の憲法改正論が起こってきたのは、昭和二十七、八年ごろからです。その改正論がもっぱら保守党筋から打ち出されはじめたころ、さかんにいわれたものが、「押しつけ」論でした。「押しつけ」憲法だから、アメリカ製の憲法だから、――配給憲法などという言い方をした例もあります――だから改正しろというわけです。もっとも、さすがにそういった素朴な感情論だけでは押しきれないと考えたのか、その後、憲法制定の経過はそう大事な根本的問題ではないという声も出て、三十一年にいまの憲法調査会が動き出したころは、一時そういった声は後退したかに見えてきました。

事実、調査会の法的根拠になっている調査会の第二条には、はっきり「日本国憲法に検討を加え、関係諸問題を調査審議し、その結果を内閣及び内閣を通じて国会に報告する」と規定されているくらいです。少なくとも表面上は、「押しつけ」憲法だから改めろという方向への解釈が中心にはなっていません。

ところがやはり三つ児の魂百までとでもいうか、初心おそるべしというか、調査会の審議が大詰になったころから、またしても「押しつけ」論の感情論が大きく巻き返しに出てきたようです。

「押しつけ」憲法論の影響力

調査会での議論は、ほとんど車夫・馬丁の喧嘩《けんか》にも近いようなののしり合いの激論さえかわされているそうです。

委員のひとりの細川隆元氏さえが、あまりといえばあまりの紳士ぶりにあきれたといっていいました。細川隆元氏といえばわたしも知っています。そして、どう贔屓目《ひいきめ》に見ても細川氏自身あまり柄のいい紳士とはいえないのではないかと思うのですが、その細川氏があきれたというのですから、これはもう相当のものであるにちがいありません。ところが考えてみると、この「押しつけ」論による訴え方は、多分に、いや、非常に素朴な感情論であるだけに、これからもおそらく大いに利用されるでしょうし、相当に影響力があるのではないかとさえ思われます。

「押しつけ」は事実だが

「押しつけ」といえば、たしかにいまの日本国憲法が、占領軍司令部で書かれた英文の草案がもとになっていることは、残念ながら事実です。それまで否定することはできません。もちろん英文草案がそのまま現行憲法になっているわけではなく、日本側であるていどの修正がなされたことも事実ですが、根本的な点で英文草案が基礎になっていることは事実ですし、それからその草案が、当時の幣原《しではら》内閣に手渡されたとき、命令ではないにしても、非常に強い要請というか、とにかく圧力のかかったものであったことも疑いありません。つまり、多少の小さい点では修正してもよいが、根本的な性格という点では変えてはいけないという強い要請でしたから、それを「押しつけ」といい、そしていまになって改めて一種の民族感情に訴える、そうした事態の起こる根拠はすでに十分にあったと思えるのです。たしかにわたしたち日本人の憲法草案は、はじめ英文で書かれました。しかも、その草案というのは、単に要綱というのではなく、十一章、九十二条からなる、ちゃんと条文にまでなったものだったのです。それがのちに一部修正されたとはいえ、とにかく現行憲法になっているということは、率直にいって、けっして自慢になる話ではありません。おかしいと思います。情けないと思います。それならおまえも「押しつけ」憲法返上論かとおっしゃる方もあるかもしれませんが、しばらく待っていただきたい。というのは、いったいどうしてそういう情けない、自慢にもならないような仕儀になったかということが、まず大事な点でなければならないはずだからです。

なぜ押しつけられたか

ところが、近ごろはただ「押しつけ」だ、「押しつけ」だということだけを大声にいって、なぜそうなったかという問題については、あまり論議されていないような気がします。これははなはだよくないことです。あるいは故意にそれをいうのを避けているのかもしれませんが、わたしはこれが非常に重大な問題点だと年来考えています。

ですから、まずどうしてそういう、いわゆる「押しつけ」みたいな情けないことになったかという、そこまでの経過を、わたしなど専門外の市民の知りうるかぎりの知識で述べてみたいと思います。

2 当時の憲法改正の動き

憲法改正の示唆

戦後、憲法改正が問題になったのは、敗戦の年、昭和二十年の秋から翌二十一年冬にかけてのことです。いまではもう二十年近い昔のことになったうえに、当時まだ生まれていなかった方も、生まれていてもまだほんの小さな子どもであった方もおられるわけですから、まず二十年前の経過を思い出してみたいと思います。憲法改正がはじめて問題になったのは、八月十五日の敗戦から二カ月半ほどたった昭和二十年十月はじめからです。敗戦後二カ月半といえば、もちろんわたしたち日本人は、みんな食うや食わずでおりました。このままではこの冬から春にかけて、三百万人ぐらい、餓死する人間が出るのではないかとまで、まじめにいわれていたころでした。その十月はじめ、マッカーサー元帥のほうから、はじめは、当時東久邇《ひがしくに》内閣の副総理であった近衛さんに憲法改正のことを示唆する——命令ではありませんが、提示があったというのです。

ところが、その直後、東久邇内閣が倒れて、幣原内閣になると、こんどは幣原さん自身に、同じ勧奨の申し入れがありました。もちろん憲法改正のことは無条件降伏をするにあたって受け入れたポツダム宣言の内容からしても、当然それは新しい日本の建設のために早晩やらなければならないことであるとは考えられていたようです。少なくとも明治憲法のまま頰《ほお》かぶりで通ることが許されるわけはないし、その意味でけっして意外ということはなかったはずです。ところで、近衛さんが受けた話のほうは、近衛さんが乗り気になって、内大臣府という、いまはなくなった宮中の役所のほうでやり出しましたが、これは世論の攻撃や司令部からの批判もあって、まもなくやめになりました。

憲法問題調査委員会できる

だから問題は幣原内閣が受けた要請です。その結果十月末ごろ、政府の任命で憲法問題調査委員会――憲法改正とはまだいっていないことに注意していただきたいのですが、とにかくこの憲法問題調査委員会というのができて、十一月はじめから翌年の一月末、二月のはじめまで、十何回かの審議会合を開いています。そして二十一年の一月四日には、いちおう改正案がまとまったことになっています。これは委員会の委員長であった国務大臣の松本烝治《じょうじ》さんという人が、ある意味で自分ひとりの責任でまとめたというもので、のちに松本案と通称されるようになるわけですが、これが二月八日にはGHQへ提出される運びになります。ところが、その五日後の二月十三日に、その松本案ではなく、別に例の英文で書かれた草案をつきつけられているのです。いいかえれば、松本案ではとうてい承認できない、かわりに、この英文草案にもとづいて日本側の改正案をつくれ、というわけです。

松本案が拒否された理由

ところで、どういう理由でGHQが松本案を拒否したかという事情は、当時の司令部民政局がのちに書いた「日本の政治的再編成」という書物のなかにいちおう出ています。それによると、松本案というのは、「明治憲法の字句にもっともおだやかな修正を加えたにすぎないもので、日本国家の基本的性格はすこしも変えられずに残されていた」というのです。「もっともおだやかな修正」というのは、いわゆる euphemism［婉曲語法］で、もっと歯に衣着せない言い方をすれば、ほとんどなんにも変えていないというのと同じことでしょう。これは大事な点だと思います。

ところで同じ「日本の政治的再編成」は、別のところで、またこうもいっています。

つまり、「提出された改正案は、もっとも保守的な民間草案よりも、さらにずっとおくれたものである。その意図するところは、明治憲法の字句を自由主義化することによってSCAP［連合国軍最高司令官］の容認しうるようなものにし、実際の憲法は、従来どおり漠然《ばくぜん》として弾力性のある形で残しておき、将来支配層が都合のよいように適用し、解釈できるようにしておくことにあったことは、まったく明瞭である」とも、また、「政府は、日本国民の明白な希望と要求にこたえることができず、問題を、ただ言葉の見せかけと西方に向かってのお辞儀だけで解決しようとしていた」ともいっています。

松本烝治（1877-1954）

ずいぶん痛烈な批評だと思います。が、それはさておき、結論は、もっと下世話にいえば、こんな松本案ではとうてい承認することはできないし、またこんな案を出してくるようでは、とても急に改めさせることもできない。それならば、あとに述べるような急を要する事情もあったことであり、いっそこちらで草案を書いて渡してやったほうがいいということになったのだと思います。だいたいそんなわけで、二月十三日の英文草案「押しつけ」ということになるわけです。

3　ツンボ桟敷《さじき》におかれていた国民

改正の四原則

そこで当然、つぎは松本案とは、いったいどんな案であったかということが問題になってくるわけですが、その前に当時の一般市民たちのことを簡単に述べておきたいと思います。当時わたし自身は、もちろんみなさんと同じような一般市民のひとりでした。政府上層部の動きに通じていたわけでもなく、まして憲法改正のことなどにはなんの関係もありませんでした。もちろん、わたしたち一般国民も新聞・ラジオなどで、憲法問題調査委員会ができ、そこで改正の審議がすすめられているくらいのことは知っていました。さらに二十年十二月ごろから一月になりますと、それがだいぶすすみ、いよいよ改正案らしいものができたか、できかけているらしいということもわかっていました。が、もちろんその内容がどんなものであるかなどは、なんにも知らされていたわけではない。やっと知らされていた内容といえば、つぎのようなことぐらいでした。

ちょうど二十年十二月八日、当時の議会で、前にいった松本国務大臣がある人たちの質問に答えて述べたものに、いわゆる「改正の四原則」というのがありました。これは新聞にも報じられました。その内容は、統治権の総攬は天皇にあり、この基本原則は、新憲法においても変わることはないはず、ただし、天皇のその統治大権にあるていどの制限を加えるつもりであり、したがって人民の自由とか権利は拡大されることになるであろう、というようなことを四つの項目にして述べたものでした。内容についてわたしたち国民が知らされたのは、せいぜいこのていどのものであったはずです。なおまた改正案ができれば、いちおう貴・衆両院の議員や、専門学者などを集めた改正審議会にかけて論議を求めるし、また活発な世論の批判も聞く、さらに四月か五月に、改正のための特別議会を召集してそれにかけるつもりだというような悠々《ゆうゆう》たる予定まで述べられていました。しかし、先にもいったように、内容についてはさっきの四原則くらいしか、わたしたちにはわかっていませんでした。

政府以外の改正案出まわる

そんなふうに政府のほうの改正準備はすすんでいたのですが、それと同時に、そのころから各政党からも、またいろいろな民間諸団体のほうからも、それぞれ争って改正試案が発表されていました。二十年十一月から翌年二月ごろにかけて、当時の保守党であった進歩党・自由党、革新系では社会党・共産党――共産党のは、このときはまだ骨子だけでしたが、とにかくそれも出しました。さらに民間の団体では憲法研究会だとか、ややおくれて憲法懇談会だとか、また、そればかりではない、個人――のちにNHKの会長をされた高野岩三郎さんの名による改正案などというのも発表されました。それから新聞などでも憲法改正論議が非常に活発であった時期です。だが、かんじんの政府案だけは、わたしたちには内容がどうもよくわかりませんでした。

毎日新聞の政府案スクープ

ところが、そうした時期の二十一年二月一日に非常におもしろいことが起こりました。それは二月一日付の毎日新聞が突然スクープとして憲法問題調査委員会の改正案なるものをすっぱ抜いたのです。もちろん、これは正式発表ではなく、スクープですから、のちに本物の松本案と比べてみると、多少内容にちがった点はありますが、大綱においては松本案をほぼ正確に伝えていたといっていいと思います。そしてこのスクープがたいへんな波紋を生むことになるのです。

まずわたしたち国民のほうからいえば、政府が考えている憲法改正というのは、こんなにも保守的、むしろ超保守的といっていいほどのものであるということがはじめてわかったわけで、当然不満とする各政党や新聞などからきびしい批判が出ました。

GHQも驚く

それよりも大きかったのは、それがGHQにあたえた反響でした。というのは、それまで政府の改正審議の進行については、GHQはすべて日本側を信頼してまかせ、したがって直接にはほとんどタッチせず、具体的内容もまったく知らなかったらしいのですが、それだけにやはりこのスクープを見て驚きました。おそらくその感想は、前に引いた「日本の政治的再編成」にしるされたようなことに近かったものでしょう。

結局このときから、GHQでは英文草案作成に踏み切ったのではないかともいわれています。それはさておき、これだけではスクープ報道にしかすぎませんから、とにかく急に日本案の現物の提出を督促してきました。政府としては、ごく秘密裡に審議をすすめ、できることなら一日でも引き延ばす戦術をとろうとした形跡があります。しかし、この強い督促によって仕方なく提出に腰を上げました。それが二月八日だったというのですが、もちろんこんな内部事情は、ずっとのちになってから国民にはわかったことで、もとより当時は知るよしもありません。

一般国民は二度びっくり

そこでふたたび一般国民の立場にもどれば、こんなスクープもあって、政府案らしいものがほぼでき上がったことは明らかになったにもかかわらず、奇妙なことに二月中旬から月末へかけて、その改正案がどうなったのか、ぱったりとニュース面から消えてしまったのです。おかしいといえばおかしい。なんとなく不審に思っていたところへ、ふたたび三月一日ごろからまことにふしぎな報道が新聞に流れ出しました。たとえば三月一日付日本経済新聞は、改正案が「関係方面」——というのは、もちろんGHQであることは明記されずとも察しがつきますが——その関係方面に呈示されるにおよび、きわめて有力な反対論が出現したために、「事態の進展如何によっては政府はその改正案を放棄せざるをえぬ状況に立ちいたった」というような報道を載せるし、つづいて五日には幣原首相・吉田外相などのあわただしい動きが各紙に伝えられたかと思うと、翌六日の毎日新聞には、「松本案は根本的に変改されるものと見られる」というような記事が断片的に出ます。そして、日も同じその三月六日の午後に、突如として「憲法改正草案要綱」というのが政府の公式発表として出されたのです。これはもう文字どおり一握りの上層部日本人を除いて、大多数の国民には、まさに青天のヘキレキといってもいいほどのものであったはずです。

とつぜん出た象徴天皇と戦争放棄

第一に、それはスクープで伝えられていた改正案なるものとは、およそ月とスッポン以上にもちがいのある内容のものでした。「日本国民至高ノ総意」だとか、「天皇ハ……日本国及其ノ国民統合ノ象徴タルベキコト」だとか、まず耳なれぬ言葉に目を見はったばかりでなく、さらにもっとも驚いたのは、いうまでもなく、現在の第九条の原形になっている戦争の永久放棄、戦力並びに交戦権の否定という規定でした。当時の国民としては予想もしなかった内容のものであったからです。これが三月六日のことです。

これが問題の英文草案から日本語化された改正案であり、現行日本国憲法の基礎になっている政府の「改正草案要綱」であることは、いまではだれも知っている事実ですが、ここでもう一度強調しておきたいことは、こうした内部の消息については、もちろん当時の国民のおそらく九九・九パーセントまではなんにも知らなかったということです。つまり、憲法改正のことに関しては、国民は完全に政府によってツンボ桟敷におかれ、まずキツネにつままれたような気持で驚いているよりほかなかったのです。

4　松本案の検討

発表されなかった松本案

さて憲法問題調査委員会の改正案には、甲案——これがいわゆる松本案です——、乙案、さらに甲案を要綱にしてGHQに提出したもの等々がありますが、それらは略して、ここではもっぱら拒否された要綱、つまり甲案の松本案についてだけ述べることにします。これは前にもちょっと述べましたように、二十一年一月四日、つまり松本さんが正月休みを利用して、主として松本さんひとりの責任ということでまとめ上げたものだそうです。出来上がったものは、もちろん、一月末から二月はじめにかけて調査委員会の審議も受け、閣議にも提出されて、いろいろと討議されました。ただし、外部にはいっさい発表されなかったことは前述したとおりで、わたしたち一般国民が、それを読むことができるようになったのは、それから十年近くもたった昭和三十年ごろからです。ところで、GHQはこの松本案を拒否しました。その拒否理由についてでは、すでに前に引きましたからくりかえしませんが、それではどんな内容のものであったか。はたしてGHQの拒否理由は当たっていたであろうかどうか、そのことを具体的に述べたいと思います。

松本案の内容

この松本案というのは七十五カ条と補則から成っていて、長さの点では明治憲法、つまり大日本帝国憲法とほぼ同じです。七十何カ条もあるものを、いちいちここで比べているわけにはいきませんから、もっとも重要と思える三、四の箇条だけを抜き出して、まずわかりやすく表示してみたいと思います。

松本案

第三条　天皇ハ至尊ニシテ侵スヘカラス

第十一条　天皇ハ軍ヲ統帥ス
軍ノ編制及常備兵額ハ法律ヲ以テ之ヲ定ム

第五十六条　枢密顧問ハ天皇ノ諮詢ニ応ヘ重要ノ国務ヲ審議ス

第五十七条　司法権ハ天皇ノ名ニ於テ法律ニ依リ裁判所之ヲ行フ

大日本帝国憲法

第三条　天皇ハ神聖ニシテ侵スヘカラス

第十一条　天皇ハ陸海軍ヲ統帥ス

第十二条　天皇ハ陸海軍ノ編制及常備兵額ヲ定ム

第五十六条　枢密顧問ハ枢密院官制ノ定ムル所ニ依リ天皇ノ諮詢ニ応ヘ重要ノ国務ヲ審議ス

第五十七条　司法権ハ天皇ノ名ニ於テ法律ニ依リ裁判所之ヲ行フ

「神聖」を「至尊」といいかえる

まず第三条は、ただ「神聖」を「至尊」にかえただけで、あとはそのままです。つまり、民主主義化したつもりでしょうが、このすぐ前、二十一年の一月一日には例の天皇の人間宣言、すなわち、天皇自身による神格否定ということがありました。そのあとだけに、まさか「神聖」とは書けなかったのでしょう。それにしても「至尊」とは、よくこういう便利な言葉を考えついたものだと、いまさらながら感心するばかりです。天皇の神聖不可侵ということでは、年輩の方なら身にしみてご存じのはずです。実際敗戦まで、わたしたち国民はこの神聖不可侵という五字のためにどれほど悩まされ、どれほどひどい目にあったことでしょう。たとえば幸徳秋水らの大逆事件、そしてその暗黒裁判の判決文を読んでも、ちゃんとこの五字が引かれています。「畏多クモ神聖侵スヘカラサル聖体ニ対シ前古未曾有ノ兇逆ヲ逞セント欲シ」たというのが、あの多数の極刑の根拠になっていたわけです。天皇の権威を負い、その厚い庇護《ひご》のもとにあった陸海の高官や支配層は別として、一般国民はこの神聖不可侵ゆえにずいぶんひどい目にあったのです。

天皇という名のおそろしさ

大正時代、芥川龍之介などの仲間で久米正雄という作家がいました。この久米さんのおとうさんは長野県の小学校の校長でしたが、久米さんが七歳のときに、自殺して亡《な》くなっています。原因というのは、学校が火事を出して全焼したとき、ご真影、つまり学校に奉安してあった天皇の写真を取り出しそこねて焼いてしまい、その責任を負って死んでしまったというわけです。いまの若い人たちは、たかが写真ぐらいということで、ほとんどこの間の消息は実感できないでしょうが、当時を考えると、おそらく生きてはいられなかったでしょう。これが「神聖不可侵」の実体だったのです。

また不敬ないし不敬罪ということほどこわいものはありませんでした。

皇室、ことに天皇関係の記事で誤植をやってしまったために、新聞社の幹部が恐懼《きょうく》して責任をとらされた有名な実例もあります。誤植がおそろしさに、戦前の新聞社では天皇陛下などという言葉は、一字ずつ活字をひろうのでなく、四字一括してそれだけの特別活字がつくってあったということです。それほど誤植をおそれていたのです。要するに神聖不可侵は戦前の天皇ファシズムの集約的表現になっていたといっていいのですが、その「神聖」をただ「至尊」に改めただけで民主化憲法だと考えたらしいところなど、まことにGHQの評した「字句だけにもっともおだやかな修正を加えた」という表現が、あまりにもぴったり当たりすぎているのではないでしょうか。

統帥権もそのまま

つぎは第十一条の「天皇ハ軍ヲ統帥ス」です。これも「陸海軍」をただ軍と改めただけで、あとは明治憲法の第十一条そのままです。ただ明治憲法第十二条の編制大権にほんのちょっぴり加筆して、「法律ヲ以テ之ヲ定ム」としたところが、天皇大権の制限縮小というのかもしれませんが、そもそもこの統帥権というものが、明治・大正・昭和を通じる極端な軍国主義化への傾斜のなかで、いかに大きな日本政治のガンであったかということは、これまた戦前の日本人ならいやというほど知っているはずです。戦前の日本で、軍というものが、ある意味で日本のなかのやっかいな独立国のようなことになっていたのも、つまるところは、この天皇による直接統帥権のためでした。統帥権干犯ということで軍のためにいびり殺された政府もあったし、逆に、それを楯《たて》にとってとうとう大命降下による首相の組閣を流産させてしまったような実例もあります。戦後の若い方にわかっていただくのはもう困難かもしれませんが、戦前のような統帥権を残して政治の民主主義化を期待しようなどというのは、およそナンセンスといっていいはずなのですが、これもどういうつもりか、「陸海軍」を「軍」と改めただけで、かんじんのガンはそのままになっていました。

枢密院と旧裁判制度

つぎは枢密院という存在です。明治憲法下で枢密院がしばしば超保守的老政治家たちの牙城《がじょう》になり、政府に対して意地悪いヨメいびりをやったり、その進歩的な政策をつぶしたりしたことは、これも年輩の方ならよくご存じのはずです。その枢密院がやはり松本案ではほとんどそのままに残されています。おもしろいのは、この枢密院の問題など、これが日本政治の民主主義化をはばむ大きな要因であることは、みんな身にしみて知っていたらしく、当時発表された各政党・各団体の改正試案や、また一般世論調査でも、進歩・自由など保守両党までも含めて、すべて枢密院廃止をかかげていました。それにもかかわらず、どうしたわけか松本さんは、そうした国民の声にまったく耳をかそうとはしなかったようです。

第五十七条の司法権、いわゆる天皇の名による裁判の問題も、明治憲法第五十七条そのままであることは、前の比較表でごらんのとおりです。

戦前の裁判は国民の裁判ではなくて、天皇の名による裁判でした。だから、裁判所の玄関や法廷の正面には金色サンゼンたる大きな菊花ご紋章が高々とかかっていたものでした。裁判というものはこのご紋章を背負って裁判官が天皇に代わって行なうというたてまえだったわけです。また検事なども、いまでこそ被告と同じ高さの床にすわっていますが、これも戦前は一段高く裁判官と並んで、被告を見おろしながら訊問《じんもん》、論告をやっていたものです。そしてこうした天皇の名による裁判が数々の暗黒裁判を行なわせたり、直接に裁判ではありませんが、それに大きくつらなる残虐な拷問が得意の暗黒警察の存在を可能にしていたのです。要するにこうした人権無視の裁判の根拠は、「司法権ハ天皇ノ名ニ於テ」云々という憲法の明文にあったわけです。ところが、それもそのまま残されているというありさまです。

支配層に好都合な松本案

そのほか、まだ細かく対比しますと、いろいろな興味深い問題点があって、たしかに天皇の大権などごく申し訳ほどの制限を付した点はありますが、要するに全体としていえば、先の「神聖」と「至尊」の書きかえとか、また軍の編制大権に関するところで、ただ「法律ヲ以テ」という数文字を加えてお茶を濁したところだとか、ただ「字句だけにもっともおだやかな修正を加えたにすぎない」という評語など、GHQならずともいいたくなるのではありませんか。また、「日本帝国の基本的性格はそのままいままでのとおりにしておき……支配層が都合のよいように適用し、解釈できる余地を残した」という批評も、あながちむりないいがかりとはいえないでしょう。実際、明治憲法の悪用でわたしたちはひどい目にあってきたのですから、「至尊不可侵」も「神聖不可侵」も、将来解釈一つでどうなるものかわかったものではありません。

国民有識者の動向

ところで、この松本案の内容をわたしたち一般国民が知りうるようになったのは十年近くものち、昭和三十年ごろになってのことですが、もしこの二十一年に公表されていたとしたら、どうだったでしょう。GHQの批評と、言葉まで同じことをいったかどうか、そこまではわかりませんが、とにかく国民からは相当強い反対の声が出たろうと思いますし、GHQならずとも拒否したくなったのではないでしょうか。そうした有識者国民の世論動向は、ＧＨＱでもいろいろな情報で知っていたと思える節があります。というのは、そのあと英文草案をもちだしてきたとき、日本政府側が受け入れをしぶると、先方では、もし不満ならば、いっそこちらで直接国民に発表して世論に問うてもよい、といって迫ったという資料があります。おそらく国民は受け入れるだろうという自信のようなものがあったからにちがいありません。

5　あいまいな松本案の性格

私案なのか、政府案なのか

さて以上、松本案が拒否されるまでの事情を申し上げたわけですが、そこで、わたしは憲法学者でもなんでもない、ひとりの素人市民の常識として、いくつか疑問に感じる点を述べてみようと思います。まず第一は、いったい拒否された松本案は、ちゃんとした政府案であったのか、それともただ松本さんひとりの私案であったのかという問題です。困ったことに、その点は非常にあいまいです。それは、こんどの憲法調査会での調査でいろいろ明らかになったところによっても、どうも日本側の資料によると、はっきり政府案ということにはなっていなかったらしい。が、それではただ松本さんひとりの私案であったかというと、どうもそうともいいきれない。たしかにまとめ上げられたのは、松本さん個人の責任だったようです。だが、出来上がったものは、憲法問題調査委員会にも提示され、また閣議にもかけられて、いろいろな論議があった記録が残っています。しかし、たしかに閣議で決定した政府案ということにはなっていません。そこがまことに微妙なところなのです。たしかに正式の政府案ではないにしても、それかといって一カ月あまりも委員会で審議したものにもとづいて成案になり、いちおう閣議にも出されて論議のあったものを、単に松本さんだけの私案というのもどうもおかしいといわなければなりません。

使い分けの卑怯な魂胆

そこでこれはわたしの邪推かもしれませんが、もともとあいまいな性格に残しておいたあたりに、なかなかずるい、多分に卑怯《ひきよう》な魂胆があったのではないでしょうか。つまり、悪ければ松本私案ということで政府は責任のがれができるし、よければ政府案ということで通すという卑怯な使い分けの根性が、はじめからあったのではなかったかと、わたしには思えるのです。だが、それはとにかく受け取るGHQ側が私案などとは考えず、政府案として受け取ったのは当然でしょう。現に政府が任命した委員会で審議をつづけており、そこでまとまった成案が、閣議にまでかかって提出されてきた以上、まず政府案と受け取るのは当然です。いや、GHQばかりではない、国民だってそうでした。現に前にもいった二月一日、毎日新聞のスクープにしても、けっして松本私案などということにはなっていません。ちゃんとりっぱに「憲法問題調査委員会試案」とあることからみても明らかでしょう。そればかりではありません。松本さんが、いわゆるこの松本案の「要綱」をGHQに出したとき、それにも松本さん自身執筆された「説明書」というのがつけられていたのですが、それにははっきり、「政府ノ起案セル憲法改正案ノ大要」という言葉まであったそうです。そうなると、GHQでそれを政府案として受け取ったのもむりではありません。これが疑問の一つです。

なぜ世論を聞かなかったか

さてつぎに奇怪なことは、委員会主任としての松本さんが、憲法問題調査委員会でのいろいろな論議はとにかくとして、なぜもっと国民の世論にも注意を払わなかったかという、その疑問です。先にもいったように、二十年秋から翌二十一年はじめにかけては、調査委員会の審議と平行して、各政党や民間団体から、ずいぶんいろいろな改正案が発表されていたはずです。しかも自由党とか進歩党とか、これらはあくまで天皇制護持を大きくかかげていた保守党ですが、しかしそれでも、その発表した改正案では枢密院の廃止とか、天皇の統帥大権廃止とか、少なくとも松本案よりははるかに前向きの改正案を出していたわけです。まして憲法研究会案とか、共産党の改正案骨子ということになると、はっきり主権在民を打ち出しておりましたし、高野岩三郎さんの私案にいたっては、共和制、そして、大統領を元首というラディカルなものまで出ていたものです。また憲法研究会案には、「国民の名による裁判」ということもはっきり明記されていました。つまり、もっとも保守的な政党の試案でさえも、松本案よりははるかに進んでいたわけであり、そして新聞などに見る世論などもだいたいその辺の線は出していたはずなのに、なぜまた松本さんはそうした国民の声、世論の動向に耳を傾けようとされなかったのか、いまもってわたしは非常な疑問であるとともに、まことに情けない不幸なことだったと思います。しかもＧＨＱのほうが、むしろそれら国民意志の動向をよく知っていたらしいということは、いっそう残念だったと思います。

閣内の反対意見も無視

松本さんの超保守性については、もう一つ述べておいたほうがいいと思うことがあります。それは二十一年一月三十日、この日は松本案が閣議の席に出され、いろいろ熱心な討議があったのですが、そのときの発言内容の一部がいまの憲法調査会の調査資料に出てきています。これによると、たとえば第十一条、統帥大権の問題では、幣原首相以下これは削ったほうがいいという発言が多かったようです。厚生大臣の芦田均氏などは、「第十一条では天皇が軍を統帥するという規定になっているが、国民の代表に服従するのが真のデモクラシーである。それゆえ、天皇に服従するという規定の仕方はどうであろうか」と正論を吐いています。また同じ席上、松本さんの言葉によりますと、「憲法問題調査委員会でも軍の規定は全部削除せよとの論があった」ことが報告されています。注意すべきことは、こうした反対意見にもかかわらず松本さんは、それを取り入れず、そのままの形で提出していることです。

こんなこと一つにでも、もしあのとき、もうすこし松本さんに世論なり、他人の意見なりを聞くだけの余裕と前向きの姿勢があったらよかったろうにと思わざるをえません。もちろん当時は、まだだれも日本が将来軍備を全面的に廃したり、交戦権を否定したり、つまりいまの第九条ができるようなことになろうとは予想もしていなかったわけですから、軍に関する規定が残るだけなら、まだしもわかります。だが、それにしても天皇による軍の統帥、つまり統帥権の独立までをあくまでそのままに残そうとした心理は、なんとも理解に苦しむというほかありません。それについて思い起こされるのは、例の英文草案を日本政府に手渡すとき、先方のホイットニー民政局長が、つぎのような意味のことを日本側代表に対し伝えたということが、例の「日本の政治的再編成」に見えていることとです。すなわち松本案では、「日本が戦争と敗北から歴史の教訓を学びとって、平和な社会の責任ある一員として再出発する心構えが十分であるとは受け取りがたい。だから拒否する」というわけです。これはどうもわたしたちのいうべきことをホイットニーにいわれたようなもので、まことに残念というほかありません。

アメリカには押しつける考えはなかった

そんなわけですが、いままで述べてきたように、GHQとしては、けっしていきなり最初から英文草案をつきつけて改正を迫ったわけでもありませんし、また、そんなつもりがあったとも考えられません。というのは、いかに戦争に勝ったからといって、かりにも外国人が書いた憲法を他の国民に押しつけるなどということがどんなにまずいか、それくらいのことは最初から知っていたとしか思えません。

これは、アメリカ側としてもあとになってそういっているのではなく、当時の根本資料の一つである文書に出ているのです。それは、日本側が憲法問題調査委員会でしきりに改正審議をやっていたころの二十一年一月十一日、ワシントン政府からマッカーサーのもとに送付されてきた文書にSWNCC二二八号というのがあります。SWNは国務省・陸軍省・海軍省それぞれの頭文字、そしてSWNCCとは、国務・陸・海三省調整委員会というのの略語であり、二二八はもちろん文書番号です。ところで、この文書は戦後日本処理案の一つと考えていいでしょうが、そのなかにはやがて当然憲法改正の議が起こるであろうことをあらかじめ予想したのでしょう、アメリカ側の考える新憲法の基本的性格のようなものまで示した部分があり、いわば指針として送付してきたものです。ところが、それにつぎのような一節があります。憲法をも含めて「諸改革の実施を日本国政府に命令するのは、最後の手段としてのばあいに限られなければならない。それら諸改革が連合国によって強要されたものであることを日本国民が知るときには、それらを将来日本国民が承認し、支持する可能性は著しく失われるからである」というのです。だから、せいぜいが指示・勧告のていどで、押しつけ・強制はいけないというわけです。

英文草案起草の理由

だからこそマッカーサーも、憲法改正のことは、近衛さんにも幣原さんにも、それはあくまで「示唆」のていどでしたし、また、松本さんの憲法問題調査会が審議をすすめていたあいだも、GHQから直接ああしろ、こうしろというような干渉はまったくなかったと、これは当時委員や補助員をしていた人たちも、みんなのちに述べています。もちろん、日本側で改正審議をすすめていることくらいは間接的に知っていたでしょうが、別にいちいち報告を求めるとか、立ち入って口を出してくるとかいうことはまったくなかった、と当時の当事者がすべて述べています。つまり、日本人まかせであったのですが、それだけに二月一日毎日新聞スクープの内容を読んで驚いたのは、だれよりもまずマッカーサー以下GHQ側でした。いったい日本の政府は、ポツダム宣言の受諾ということから当然帰結として出てくる、憲法改正をも含めて国家体制の民主主義的改革ということを、どんなふうに考えているのか、ちょっとわからなくなったのではないでしょうか。ちょうどわれわれ国民がスクープを読んで、やはりびっくりするやら、世論の批判がすぐに起こってきたようにです。そこでGHQは、にわかに政府に改正案の提出を督促するとともに、他方、翌々三日には早くも英文草案の起草を命じているという運びになります。

極東委員会の発足であわてる

もっとも、「最後の手段としてのみ」考えていたはずの、もっともまずい草案「押しつけ」の方法に、こうも急いで踏み切ったというには、別に複雑な事情があったことも、いまでは明らかになっています。それは当時、二月二十六日を期して、極東委員会というものの発足が決定されていたからです。極東委員会というのは日本に宣戦していた極東関係国十一カ国（のちには十三カ国）で構成され、日本占領の管理にあたった機構ですが、これができると、新しい日本憲法の改正に関する権限は、マッカーサーの手をはなれて、極東委員会に移されることになっていました。ところが委員会構成国のなかには、ソ連・オーストラリアなど、天皇制の廃止だとか、天皇を戦争犯罪人に指名せよ、とかいうことを強力に主張しそうな国のあることがわかっていました。しかし、アメリカ、したがってマッカーサーとしては、いろいろな意味でなんとか天皇制を存続させたかったのです。そうすると、もしぐずぐずしていて極東委員会が発足してしまうということになれば、いまもいったように、憲法改正に関する権限は委員会のほうへ移ってしまう。これでは、天皇制もどうなるかわからないということで、とにかく天皇を文句の出ない無害の存在にしてしまい、しかも天皇制そのものは存続できるような新憲法を早く仕上げてしまおうという、そういう一面の事情もあったわけです。

が、それにしても松本案ではどうにもならない、これではとてもちょっとやそっとの修正などで追いつくものではないというので、にわかに起草者たちをいまでいうカンヅメにし、わずか一週間くらいで草案をつくり上げてしまったわけです。これでいよいよ「押しつけ」になるわけですが、改憲論を主張する人が、「一週間かそこいらでつくったにわかごしらえの憲法」という悪口をよくいうことはご存じでしょう。

たしかに、にわかごしらえにはちがいありません。だが、にわかごしらえだということはまた、それがけっしてはじめから「押しつけ」を意図していた改正案ではないということを証明するものではないでしょうか。(もっとも、これには長い準備があったとする意見もありますが、論拠も説得性がなく、証拠もありませんので、ここには略して述べません。)

6 「押しつけ」にいたる過程を考えよう

民主主義への熱意の欠如

ここで一つわたしたちの考えなければならないことは、もし当時の政府上層部や、改正案の起草者松本さんなどが、ホイットニーのいう歴史の教訓をほんとうに学んでいて、真に新生日本の民主主義的変革ということに熱意をもっていたならば、たとえ象徴天皇、主権在民、そして戦争放棄の現行平和憲法という線までは打ち出せなかったとしても、せめては天皇による独立統帥権の廃止、枢密院の廃止、そして国民の名による裁判の保障くらいの憲法民主化は十分できたはずだと思えます。

天皇関係の規定については、なにぶん国民が自身の力で終戦処理をやりとげたのでなく、一に天皇の決断のおかげで無事平和を迎えたという事情でしたから、その支配層としての弱みからも、天皇関係の規定に手をつける勇気はなく、国体護持の一本でいくよりほかなかった心理はわからないでもありませんが、それにしても「至尊不可侵」とはどうでしょう。まして独立統帥権、枢密院、天皇の名による裁判等々の廃止ということくらいにさえ踏み切れなかったというのは、なんといっても民主主義への熱意の欠如、歴史への無反省、そして後ろ向きのサボタージュを、いま指摘されても仕方がないでしょう。

支配層の責任

とにかくこんなふうに、まことに情けない、いわゆる「押しつけ」ということになったわけです。が、わたしはもう一度申し上げたいのです。もしあのとき、松本さんだけでなく、日本の支配層の人たちが、なんとか現状維持にキュウキュウとする上層の声ではなく、むしろ明治憲法の乱用によって大きな犠牲を強《し》いられたほんとうの国民の声に耳を傾けていたならば、まさかあんな松本案などというものはできなかったでしょうし、またそうであれば、いろいろめんどうな折衝、修正はあったかもしれませんが、まさかかれらとても欲しなかった「押しつけ」などにはならなかったろうと思えるのです。くりかえし申しますが、事情はどうあれ、「押しつけ」みたいなことになったのは、ほんとうに残念でもあり、情けないことだと思います。だが、それには「押しつけ」たアメリカを責めるのもいいが、それよりも前に、まずそうした情けない事態に立ちいたらせた、敗戦によって何物も学ばず、何物も忘れようとしなかったわたしたち自身の支配層のものの考え方に、まず責任の尻をもっていかなければならないのではないでしょうか。くどいようですが、なんといっても「押しつけ」は情けない。だが、もしあのとき「押しつけ」がなくて、たとえば松本案に近いような新憲法ができていたとしたらどうでしょう。かれらのいわゆる「歴史と伝統にもとづく自主的憲法」にはなっていたかもしれませんが、はたしてわたしたち国民の人権や幸福は、現行日本国憲法のもとでほど保障されていたでしょうか。これからも改憲論者は、ことごとに「押しつけ」論をもちだし、そんなものは返上してしまえをくりかえしてくるにちがいありません。というのは、それは、素朴な民族感情にきわめて訴えやすいからです。だが、わたしとして強くお願いしたいことは、そうしたばあい、単純に感情だけで判断するのでなく、どうしてそんなことになったか、それをまず考えてから、乗せられないように考えを決めていただきたいのです。

3　憲法第九条が生まれるまで

1　新憲法にふさわしい良識とは

市民と憲法

日本国憲法第九条というのは、今日まで憲法改正が問題になるばあい、いやでもおうでもいちばん重大な問題になるものです。かつてわたしたちが日本国民の憲法意識、つまり、憲法をどう受け取っているかという調査をしたことがあります。* そのときでも、ほかの部分はあまり知らなくとも、この第九条だけは、別に条文を暗誦しているわけではないが、ただどういう内容であるか知っていると答えたものが絶対的に多かったのが非常に印象的でした。ところが、その第九条がどうして現在の憲法にはいったか、またどんな経過でいまのような条項になったかという点になると、いまだにわからないことがずいぶんたくさんあります。第九条だけでなく、いまの日本国憲法がどうしてできたかという問題については、政府の憲法調査会でも、わざわざ「憲法制定の経過に関する小委員会」までつくって、調べていました。その議事録などを読んでも、まだまだわからないことが非常に多いように思えるのです。

＊本書一四五ページ、6の章「日本人の憲法意識」参照。

それを専門家でもないわたしがお話するのはちょっと変なのですが、しかし憲法というものは、専門学者だけがわかっていればよい、一般市民は知らなくてよいというものではありません。市民は市民なりに、やはり知っていなければならないはずです。その意味で、わたしは、学者の立場からではなくて、あくまで市民の立場から述べてみたいと思うのです。

初心のたいせつさ

ところで、現在の日本国憲法ができた当時、わたしたち市民は、政府その他からこの憲法をどういうふうに受け取るべきか、そのことについて、いろいろなPRがされました。つまり、わたしたち国民は、いまの憲法に対してどういう考えをもつべきか、その判断の材料ともいうべきものをあたえられて、それによって、それぞれ考えを決めるように導かれてきました。そのほかに、一般市民としては、裏話の秘録など知らないのは当然です。もちろん新憲法ができてから、すでに十何年たったわけですから、その間いろいろ時代が変わりました。時代が変わったなかで、ただしゃ、く、し定規にいちばん最初のことだけにこだわっているというのにも問題はあるかもしれませんが、されぱとて、できたころの事情はすっかりたな上げにして、そういうことは全然なかったかのごとく、ただ時代が動いたからというだけで、すべてを初心と関連なく考えていくことは、むしろそれよりももっと危険なことではないかと思うのです。

たとえば、一九六三年五月三日の「東京新聞」朝刊には、一面半分ほどを使って新憲法成立までの事情をかなり詳しく解説していました。その終わりのほうに、「新憲法にふさわしい良識を」という小見出しがあって、いま憲法について、いろいろな問題の起こるのは、つまり、国民の側でまだ、「新憲法が期待しているような政治的感覚なり、社会的良識をもつまでにいたっていないせいだといえるのではなかろうか」とあります。そこまでは、まあ、いいのですが、そのつぎに、その例証というつもりでしょうか、「たとえば、憲法第九条が国に固有の自衛の権利すら否定することにされてみたり」、つまり、自衛権も自衛の戦争も否定するのが第九条だというような見解があるが、これなど、その良識ができていない典型的な例だといわんばかりなのです。

どちらが良識か

たしかに自衛問題というのは、広く日本国民全体を考えますと、そこにはいろいろ意見のちがいもありましょうし、たしかに重大な問題であることに疑いはありません。だが、それだからといって、この「東京新聞」の解説にあるように、自衛戦争をも含めて、あらゆる戦争の否定という解釈を、そう簡単に、無造作に良識でないとかたづけてしまうことは、成立当時の事情などを考えますと、かなり問題があるはずだと、少なくともわたしには思えるのです。どちらが良識かわからない点さえ出てくるように思うのです。

2　第九条の修正の経過

芦田氏によるさりげない修正

第九条の、「日本国民は、正義と秩序を基調とする国際平和を誠実に希求し」——これは日本の国会審議ではいった修正部分で、いわゆる英文草案や政府原案にはなかったものです。ところで、本文はそのあと、「国権の発動たる戦争と、武力による威嚇又は武力の行使は、国際紛争を解決する手段としては、永久にこれを放棄する」となっており、ここまでが普通いわれる第一項です。そしてつぎは行をかえて、「前項の目的を達するため、陸海空軍その他の戦力は、これを保持しない。国の交戦権は、これを認めない」となっていますが、これがいわゆる第二項です。ところで、この第二項冒頭の「前項の目的を達するため」が、その後いろいろ問題になる一句ですが、これも当時の衆議院での審議中にはいったもので、これを書き加えたのが故芦田均氏であることもわかっています。まことに「さりげなく」はいったわけです。そして、この十一字が「さりげなく」はいったために、のちになってから、この第九条は、「前項の目的を達するため」の陸海空軍その他の戦力はもたない。つまり、国際紛争を解決する手段としての戦力はもたないが、しかしそれ以外の、たとえば自衛のためならばもってもいい。いいかえれば、いまの自衛隊の存在根拠が出てくることになるのです。これが、専門学者のあいだでは、芦田学説などといわれるものらしく、

芦田 均（1887-1959）

もちろんそこにはまだ議論はあるようですが、だいたい歴代保守党政府のとっている見解と思っていいようです。

自衛権否定のマッカーサー＝ノート

ところで、日本の新憲法はGHQとの折衝で多少小修正はありましたが、だいたい、2の章で述べた要項案にもとづいて、国会、つまり当時の帝国議会にかける草案が出来上がりました。これが改正案で、六月のことです。そこで、これが衆議院・貴族院の審議を受けるうちに、いろいろな修正があり、なかには相当の修正もありました。そしてその一つに、先の「前項の目的を達するため」もはいったわけです。そして十月末には当時の枢密院も通って、十一月三日には公布ということになりました。断わっておきますが、これらは、もちろん当時わたしたち国民はなにも知らなかった。政治家、いや、専門の憲法学者もご存じなかったことが多い。つまり、のちになってだんだんわかってきたのです。ところで、そうした事実の一つですが、二月十三日、前にも述べた英文草案というのが突きつけられるもう一つ前に、GHQ側には、いわば草案の基礎ともいうべきものになった、普通マッカーサー＝ノートという名で呼ばれ

ダグラス・マッカーサー
（1880-1964）

ている覚え書きみたいなものがあったことが、いまではわかっています。つまり、新しくつくられるべき草案の根本方針を示したようなマッカーサー元帥自身のノートであり、これにもとづいて司令部草案をつくれということだったわけです。いまでこそ明らかですが、当時はもちろん日本政府の要人たちも知らなかったものです。ところで、第九条が自衛戦争あるいは自衛権というものまでも否定するのか、しないのか、これは、現在になっても議論はまだまだあるわけですが、おもしろいことに、少なくともこのマッカーサー＝ノートの段階では、明らかに、日本は自衛権も自衛戦争をする権利もない——それを否定する条項がはっきり明文になって出ているのです。だいたいいまの第九条と精神は変わりませんが、それによると、「日本は国家の主権的権利としての戦争を廃棄する。日本は紛争解決のための手段としての戦争」——と、そこまでは現憲法とほぼ同じですが、さらにそのつぎにつづけて、「及び、自己の安全を保持するための手段としてのそれ」——それというのはもちろん戦争ですが、「それをも放棄する」（Japan renounces it as an instrumentality for settling its disputes and even for preserving its own security.）とあります。「自己の安全を保持するための手段としての戦争も否定する」といえば、これはどうも自衛戦争も日本は今後はする権利がない、という意味に解するほかありますまい。

自衛権否定の明文消える

だれが発案者だとか、だからこそ弱化政策だとか、いろいろ議論の出るところでしょうが、それをしばらく別にすれば、とにかく草案起草を命じたマッカーサーの意図のなかに、はっきり自衛戦争の否定というまでの意向があったことは、非常に明らかだといえます。そんなわけでそこまでは明らかなのですが、ここに一つ問題が出てきます。そういうノートにもとづいてつくられたはずの二月十三日のGHQの草案には、どうしたわけか、この後半の自衛戦争否定の部分だけは消えてなくなって、ただ前半分だけしか出ていないのです。つまり、政府の受け取った草案では、「国民の一主権としての戦争はこれを廃棄する。他の国民との紛争解決の手段としての武力の威嚇又は使用は、永久にこれを廃棄する」といっているだけで、「自己の安全を保持するための手段としてのそれ」云々は、GHQ草案ができるときに、すでに落とされてしまっているという事実なのです。これが、お話したいことの焦点の第一です。

さりげない大きな曲がり角

もう一つの焦点は、こんどは日本側に移って、「前項の目的を達するため」がはいったことです。これは、非常に重大な曲がり角となるのですが、衆議院で改正案――これはもちろんマ草案にもとづいてつくられたもので、当然「自己の安全云々」の明記はありません――その審議が行なわれていたとき、憲法改正特別委員会ができていたうえに、さらに修正案準備のための小委員会というものがつくられました。その小委員会で、八月一日に、委員長の芦田均氏が、みずから筆をとってこの「前項の目的を達するため」という字句を、さりげなく加えたというのです。このことについては、いまの憲法調査会でも、まだ生前の芦田さんが参考人として出席し、当時のメモによって説明していますが、それによると、「この『前項の目的を達するため』という修正の字句はまことに明瞭を欠くものがありますが（つまり非常にあいまいな言い方だということでしょう）、しかしわたしは一つの含蓄をもってこの修正を提出いたしたのであります」と述べています。含蓄とは、なかなかうまい言い方をしたものと思いますが、生前芦田さんは、たびたびこのことをすこぶる得意そうに――いや、別に得意だとははっきりいってはいませんが、そのような語調で方々で話したり、書いたりしています。GHQを手玉にとってやったとでもいうところでしょう。

だが、それにしても、この「前項の目的云々」という十一字のために、のちになって、これだから第九条は自衛権、自衛戦争の否定ではない、自衛兵力は当然もてるという論拠が出てくるわけですから、この修正は非常に大きな曲がり角だったわけです。この点が第二の焦点、問題点になると思います。

3 「含蓄ある修正」の舞台裏

吉田さんは知っていた?

ここで、すこしこの含蓄ある修正のなされた舞台裏をのぞいてみましょう。つまりマッカーサー=ノートにははっきりとあった自衛戦争否定の一節が、どうしてGHQ草案ではすでに落とされていたか、という問題です。前にもいったように、当時マッカーサー＝ノートなどというもののあったことは、もちろん、幣原首相も、吉田外相（のちには首相）も、知らなかったと思われます。しかし現にノートにそういう文句がはっきり書かれている以上、それを書かせたマ元帥の意向は、当時、首相ないし外相として、終始GHQとの連絡をとっていた幣原さんなり吉田さんなりに、――よしノートの存在までは知らなかったとしても、――なんらかの形で察知されていたのではないかと思えるのです。もちろん、これは推測で、証拠はありません。

しかし、ノートにこれだけ書く以上、おそらくその意向は、会談の節、折衝の折りなどにやはりなんとか通じるものがあったのではないかという気がしてならないのです。

もっとも、自衛戦争をも含めて、戦争はすべて廃棄するという考え方が、マッカーサーの発意であるのか、それともむしろ幣原さんのほうからいいだしたのか、このことは以前から、そしてまたいまの憲法調査会でも、非常に微妙な問題になっているようですし、ある人などは、それはどちらが先にいいだしたというものではない、いわばアウンの呼吸でみごとに合致したのだなどという言い方をしている人もあるようです。

自衛権を否定した吉田さんの答弁

とにかく、どちらの発議かは別として、その意向は、最高上層部の一部の人たちには、なんらかの形、というよりはむしろ以心伝心のような形で伝わっていたのではないか。だから、貴衆両院の改正案審議で、この第九条が問題になったときも、吉田さんは二度までも壇上から議員の質問に答えて、これは自衛戦争も放棄したものだと、はっきり答えています。一例をあげると、「近年の戦争は多くは国家防衛権の名において行なわれたことは顕著なる事実であります。……故に正当防衛、国家の防衛権による戦争を認めることは、偶々戦争を誘発する有害な考えであるのみならず……、正当防衛権を認めるということそれ自身が有害であると思うのであります」と答えて、当時憲法問題担当であった金森国務相を少なからずあわてさせたという一幕さえあります。それから、そういう「含蓄ある」修正を加えた芦田さんですら、そのあと新憲法ができるまで、すべての戦争の放棄とはいっても、自衛戦争、兵力は認められるとは、一度も国民に対していってはいません。そのほか、憲法調査会の「憲法制定に関する小委員会」で、当時法制局の部長として、いちばん深く制定に関与していた佐藤達夫氏の公述にもあるように、「前項の目的云々の言葉がはいったために、自衛のためならば戦力はもてることになったというような意味の説明は全然いたしておりません。目的のいかんを問わず、自衛のためといなとを問わず、戦力はもてないという趣旨のものであるという前提で説明して」いたと述べています。したがって、マスコミなどもすべてその線でした。そうすると、少なくともマッカーサー＝ノートにあったような意向、それは第九条にこそついに明記されませんでしたが、条文をこえたところでは、日本政府側にもそれとなく伝わっていたのではないでしょうか。つまり、マッカーサー＝ノートとGHQ草案とのあいだで、明文としては落ちてしまったが、マ元帥の意向という形では、少なくとも察知されていたと考えていいのではないでしょうか。どうもそんな気がしてならないのです。

吉田 茂（1878-1967）

起草者に反対されたマ元帥

つぎに、その項目は、なぜ落ちたのでしょうか。憲法調査会ができてから、もうこのノートの存在もわかるようになったわけですが、どうして、いわゆる英文のGHQ草案ができることになったか、その経過について、先年調査会の委員数人の方がアメリカに渡り、草案起草に当たった幾人かの人たちに会って、当時の事情をいろいろ聴取したようです。調査会の議事録になって発表されたその報告のなかに、たとえばこんな報告があります。アメリカ人の起草者たちが、マッカーサーからこのノートを示されて草案起草を命じられたとき、GHQ内の関係者としても、戦争の放棄、まして国の自衛権の否定というようなことは、もちろん考えていませんでした。だから、マッカーサー＝ノート、つまり、ノートに示されたマッカーサーの構想を知ったときには、むしろその意外さに驚きました。「自衛権のあること、自衛力をもつことは当然と考えていたから」である、というようなことが、それらの聴取を総合したところのようです。一口でいえば、マッカーサーはとにかく、起草者たちは、はじめからあまり賛成でなかった。それで落としてしまったのだということになるようです。

修正にもノー＝クエッション

さて、「前項の目的云々」の修正がなされたとき、当然のことですから、すこしでも修正をしようとすれば、GHQのOKを得なければなりません。そこでこの修正でも、当然GHQへ行って報告、その了解を求めたわけですが、そのときのことを、佐藤達夫氏が、「日本国憲法誕生記」という本で書いたり、また憲法調査会でも公述しています。非常におもしろいので、多少詳しく紹介してみます。前にも述べたように、芦田さんが、「前項の目的云々」という修正句を入れて、その案がまとまったとき、佐藤さんは、これはひょっとすると、GHQのほうで、あとで自衛のための再軍備をするつもりだなというふうに解釈されるのではないか。いいかえれば、芦田さんの腹が見抜かれるのではないか、そうなると、めんどうなことにならないでもないと考えて、その旨、芦田さんにそっと耳打ちをしたというのです。ところが、ここはむしろ公述をそのまま引用したほうがいいかと思いますが、「先生は笑ってお答えになりませんでした。ところが、修正をもちこみましたところ、司令部はノー＝クエッションで無事に通ってしまった」というのです。笑って答えずのところ、「誕生記」のほうによりますと、「なに大丈夫さ」と芦田さんがいわれたことになっていますが、そんなちがいはどうでもいいとして、いずれにしても、佐藤さんとしては、無事ＯＫでホッとされたということです。

見て見ぬふり

そんなわけで、マッカーサー＝ノートにあった自衛戦争否定の明文は、まず司令部草案で落ち、それがそのまま政府改正案に引きつがれて、最後には「前項の目的云々」の修正で、むしろ逆に自衛戦争、自衛戦力肯定の論拠と称せられるものにまでなって、それで無事ＧＨＱをパスしたということになります。

ただこのばあい、ノー＝クエッション、つまり、質問一つなしにパスしたということについては、ＧＨＱ側をごまかしたというよりは、向こうでも、佐藤さんが心配したようなこと、つまり、将来再軍備への芦田さんの魂胆は、どうも気がついていたのではないかと思える節も、渡米調査では出ています。それは、やはり司令部案起草に直接関係したある人の話に、この修正がもちこまれてきたとき、その男は、マ元帥の腹心、民政局長だった例のホイットニーに、「この修正は、日本が自衛力を保持しうることを意味すると思うが」とただしたところ、意外にもホイットニーは、「それもい考えではないか《グッド・アイデア》」といったというのです。もちろん、これはあるひとりの関係者だけの話ですから、これだけで断言はしかねますが、これなら、ノー＝クエッション、OKもふしぎではないことになります。そして佐藤さんが、うまく気づかれなくてホッとしたというところは、案外これでみると、知りながら、知らぬふりで見のがしたのだとも取れないことはありません。

愛されていなかった「第九条」

こんなところがわたしなどの知りうる範囲です。ただしこれらアメリカ人関係者たちの証言というのは、なんといっても十年以上たってからの回顧談です。十何年後の談話ということになると、歴史的資料としての価値はだいぶ下がります。しかし、だいたい、このようなことは十分ありえたろうとも思えるのです。というのは、もともとマッカーサー＝ノートにあった自衛戦争否定は、GHQ内でさえすでに落とされてしまっているくらいですから、そしてさらにいま述べたホイットニーの「それもいい考えではないか」の発言までもしほんとうだとすれば、この問題の修正が楽々と通ってしまったのも、けっしてふしぎではありません。そうなると、はじめはあれだけ人類理想の炬火をかかげたはずの第九条も、まことに生まれたときから愛されない子どものような扱いを受けたとも考えられますが、それだけに、いまにして思うと、現実政治の舞台裏というようなものを露骨に見せられるようで、いつでもツンボ桟敷におかれやすい国民としては、大いに考えなくてはならぬ問題があるのではないかと思います。

ふしぎな「文民条項」

ところで、この「前項の目的云々」のいわゆる含蓄は、GHQばかりでなく、当時、実権はとにかく、形の上ではGHQの上部機構ともいってよかった例の極東委員会においてさえ、この修正が、将来自衛再軍備のための布石であることには、どうやら気づいていたらしい形跡があるように思えるのです。ご承知のように、憲法第六十六条には、いわゆる文民条項と呼ばれるもの、つまり、「内閣総理大臣その他の国務大臣は、文民《シビリアン》でなければならない」というのがあります。ところが、この文民条項も、実は日本側議会での審議中にはいった修正です。貴族院へまわってからですが、九月も末になって、にわかにGHQのほうから、文民でなくてはいけないという一項を加えてほしいという要望があったというのです。考えてみるとおかしな話です。当時としては将来日本が再軍備するなどということは、オクビにも出していないわけで、したがって、日本の将来に軍人などというものはありえなかったはずです。軍人あってこその文民ですが、その軍人のいないはずの国の憲法に、わざわざ軍人でなくて、文民でなくてはならない、というような条項を入れることは、なんともおかしいということで、だいぶ委員会でも議論があったようです。そんなわけで結局反対のほうが強く、政府も一度はGHQにその旨伝えました。

ところが、そのときGHQ側では、これは自分たちの意向ではなくて、むしろ極東委員会から、非常に強いそういう要請が来ているので、なんとか入れてほしいという再度の要求だったということです。

なにも知らなかったのは国民だけ

それではどうも仕方がないというので、結局はいったのだそうですが、それでは、なぜ急に極東委員会がそんなことを強くいいだしたのか、これも、こう解釈できると思います。つまり、そのころになると、極東委員会でも、日本の衆議院で「前項の目的云々」という修正のことが情報としてはいっていた。そこでその理由を考えてみたところが、どうやらこれは将来再軍備するときへの含みであるかもしれない、ということに気づいたらしいのです。そこで、万一そうなったばあいのことを考えると、そのときのためにも、どうしてもこの文民条項だけは入れておかねばならない、そうしないと、また軍部内閣の生まれるおそれもあるというので、さてこそ、ＧＨＱも手こずったほどの強い要望になって現われたのだ、というのです。これも証拠はありません。しかし、十分ありうることだと思います。そして、もしそうだとすれば、極東委員会もまた前記芦田修正の含蓄は、あるていど見抜いていたのではないか。少なくとも懸念していた、ということはいえるのではないでしょうか。そうなると、ＧＨＱも知っていた、極東委員会も気づいていた、結局、なにも知らされなかったのは、亭主ならぬ当時の国民ばかりということにもなりかねませんが、とにかくそういったことがわたしたち国民の知らぬ舞台裏で起こっていたわけです。

二つの焦点に関連して、もっぱら舞台裏のことばかりを述べました。つまり、もう一度申しますが、これらはほとんどみんな、わたしたちには、あとになってはじめてわかった話で、当時の国民には、もちろんこんな経過など、なに一つわかっていたわけではありません。

4　当時の新憲法のPRと改憲思想

修正についての政府の説明

さて、こんどは舞台表――つまり、表というのは、わたしたち国民に対して、その間、政府なり、憲法関係者たちが、いったいどうこの新憲法を理解するようにPRしてきたか、どう考えろといわんばかりにやってきたか、という問題にはいりましょう。前にも述べたように、「前項の目的を達するため」という十一字がはいったことは、いまの憲法制定の経過に一つの大きな曲がり角をつくりました。つまり、第九条のもともとの性格なり、精神は、ここにおいてはっきり大きく変わったということで、いまから考えると、ほとんどこれは議論の余地がないと思います。また事実この修正がはいってから、本会議の審議でも、枢密院の審議でも、つまりこれで第九条の性格は変わったのか、という意味の質問がかなりあったようです。だが、そのたびに政府は、終始一貫、「性格は変わっておりません。前項の目的がはいろうがはいるまいが、前とすこしも変わっておりません」という答弁で一貫したことは、先に佐藤達夫氏の公述を引用したとおりです。

少なくとも国民に対しては、変わりません、変わりませんの一点ばりで押し通してしまったのです。

すべての戦争と自衛戦争

だいいち、この「含蓄ある」修正の張本人である芦田さん自身が、こんなことをいっています。当時、芦田さんは衆議院の憲法改正特別委員会の、その委員長をやっていたのですが、この憲法案が委員会を通って、さて本会議にかかろうというとき、芦田さんは立って委員長報告をしています。それは、二十一年八月二十四日のことで、かなり長い報告演説ですが、そのなかでこういっています。「侵略戦争を否認する思想を憲法に法制化した前例は絶無ではありませぬ。しかしわが新憲法のごとく」というのは、もちろん芦田さんが例の修正を書き込まれたその憲法ですが、「しかしわが憲法のごとく、全面的に軍備を撤去し、すべての戦争を否認することを規定した憲法は、おそらく世界において、これを嚆矢《こうし》とするでありましょう」というのです。「全面的に軍備を撤去し、すべての戦争を否認した」というのですから、われわれ非常に頭の悪い国民の常識としては、自衛戦争も含まれていると理解しても、それはすこしもむりではないでしょう。まさか自衛戦争は、すべての戦争のまだそのほかにあるものだなどというふしぎな論理などを思いつくはずもありません。さらに同じ演説の終わりのほうになって、「改正憲法の最大特色は、大胆率直に戦争の放棄を宣言したことであります。これこそ……世界平和への大道であります。われわれはこの理想をかかげて全世界に呼びかけんとするものであります。（拍手）かかる機会を与えられたことに対し、わたしは天地神明に感謝せんとするものであります。」もちろん、ここでまた大拍手が起こっています。

あとになって「自衛戦争だけはまけろ」

とにかくこの調子のことを、芦田さんばかりでなく、政府も、マスコミもその後毎日のようにPRしつづけたのですから、裏話などもちろん知らない国民が、なるほど、これは天地神明に誓って、すべての戦争を否認したものと受け取ったからといって、いまさら良識を疑われる義理はないはずです。とにかく、天地神明に誓い、全世界に呼びかけようというのですから、まさかあとになって、自衛戦争だけはまけてくれなどという、「大胆率直」どころか、まことにみみっちい話が出てこようなどとは、考えるほうがよほど疑い深いといえましょう。侵略戦争だけの否定なら前例がある。だが、これは、ここにある、かしこにあるというものではございませんと、まるで香具師《やし》の口上みたいなことを当の憲法改正特別委員会の委員長がいうのですから、いったいこれは、だましたほうが悪いのか、だまされたほうが悪いのか。憲法調査会の委員の人たちが、アメリカへ行っていろいろ起草者たちの話を聞いてくるまでは、これはちょっとGHQをさえみごと手玉にとったかのようにも思えたものでした。事実、芦田さんも、生前はこの辺のところがだいぶお得意のようで何度もこのことは書いたり、しゃべったりしています。ところで、GHQを手玉にとることには、GHQではないわれわれ国民に別にどうという異論もないのですが、GHQを手玉にとっただけでなく、ついでに、われわれ国民まで手玉にとってだまそうとしたことは、これは、わたしたち国民として大迷惑だということです。たしかに、敵をあざむくにはまず味方をあざむくにしかずという古い中国以来の伝統的考え方もあります。なるほど、その考え方からいえば、これはまことにすぐれた政治的、外交的手腕ということになるかもしれませんが、小さな問題ならしらず、国民的利害のもっとも重大なものに関連して、このような詐術を弄されることには、絶対に承服できません。

国民をだます罪

いまから三百年ほど前、十七世紀のイギリスにヘンリー＝ウォトンという有名な外交官がいました。このヘンリー＝ウォトンの古典的な名言として、「外交とは、祖国の利益になるようにウソをつくことだ」という、これこそまことに大胆率直な言葉がのこっています。たしかに宮廷外交時代などでは、これも結構でしょう。だが、もはや宮廷外交の時代は終わり、少なくとも形のうえでは民主的な国民外交の時代になっています。またそうでなければ困りますが、しかし一面ウォトン流の考え方は、まだまだ古い外交官僚などの頭には、抜くべからざる郷愁、あるいは得意さをもってさえのこっているようです。その点からいえば、もしヘンリー＝ウォトンの霊をいま地下からよみがえらせるとしたら、案外、芦田さんは偉い、などといいだすかもしれません。だが、そのために、国民までいっしょにだましていいのか、ということになると問題があります。

安保体制と世界の危機

なぜこんなことをいうかというと、たとえば自衛、自衛と簡単なことのようにいいますが、たとえばいまわたしたちのすぐ鼻の先に、ラオスとか、韓国とか、一つまちがえば、たちまち火のつくような危機がつぎつぎともちあがっています。しかもわたしたちの日本がはっきり日米安保体制のなかに組み入れられているという条件を考えると、もし直接日本とは関係なくとも、鼻の先に火がついたばあいに、欲せざる戦争、また必要もない戦争のなかに、いやでも巻き込まれる危険ははたしてないものでしょうか。もちろん、そんなときは、いろいろな危機説がつくりだされ、巧みな詭弁《きべん》で自衛という感情と結びつけられることは目に見えています。そうなればもう自衛も他衛も、そんな区別が厳密につくはずがありません。前にも引いた改憲議会でのまさに吉田さんの答弁どおりです。

二度だまされるのはごめんだ

しかも、そうした事態になったばあい、最後のもっとも大きな責任と犠牲をシワヨセされるのは、あの太平洋戦争のあとでもわかるように、偉い政治家や官僚や財界人ではけっしてなく、一に普通の国民、おそらく若いみなさんや、あるいはみなさんのお子さんや、兄弟、ご主人や、そういう方に決まっているのです。つまり、シワヨセの九割九分は国民の上にかかってくるのです。それだけに、そういう国民にとって重大な問題に、その国民をツンボ桟敷におくどころか、さらに進んではあざむくというような形でやっていて、はたしていいものか。自衛権を認めるなら認めるで、せめてはもう一度本源にかえって、もっとすっきり筋の通った形でやるのでなければ、正しい意味での自衛すら、真に国民のものになるはずがありません。つまり、この章のはじめに述べた「東京新聞」朝刊の記事のようなものが良識だなどとは、どこを突いたら出るものか、絶対に考えられないのです。

近年、憲法改正を主張する声もたしかに相当出ています。そのばあいも現在の憲法の民主主義的柱というべきものは、けっして時計の針を逆まわしにすることはない。だから、安心しろと、しきりにいっているようです。しかし、十年前に国民を手玉にとった、みごとにだました、その政治的感覚の人たちがふたたびいま憲法改正の方向へ動いている。だとすれば、国民として、それらの人たちの口頭禅をただそのまま額面どおりに受け取ることができるでしょうか。いくらなんでも二度だまされるのは真っ平です。しかも相手は、同じ腹芸を二度とくりかえさぬなどとだれが保証できましょう。こういいますと、おまえたちは疑い深すぎる。悪くばかり考えすぎるという方もいるかもしれません。しかし、わたしはけっして疑いすぎたりなどしてはいない。ただ二十年前の苦い経験を考えているだけなのです。しかもそれは、そんなに遠い昔の話でもなんでもない、わずかまだ二十年か前の事実なのです。かりに、もしこんど改正ということにでもなったら、これまた結構な話ばかり聞かせていただくに決まっています。もちろん、改悪ではないというでしょう。しかしこの第九条のように、十年後になって、思いもよらなかった考え方が逆に良識になってみたり、すべての戦争のほかに自衛戦争が別にあってみたりするようなことに驚いてみても、それはもはやおそ過ぎるのです。悪い権力の乱用者は、つねに国民の忘れっぽさということを踏台にします。ある意味でいえば、それが常用の手口です。だとすれば、わたしたちが二度とだまされまいと思えば、ときどきは本源にかえってほんとうのことを思い出してみる必要があります。記憶を新たにする必要があるのです。忘却は罪悪であるばかりでなく、重大な危険でさえあるのです。

4 「自主的」という看板と真実

1　自主的憲法の奥底

「自主的」という言葉の意味

憲法改正論者といわれる人たちの大多数が、その改正の必要理由として、とくに声を大きくしていわれるものに、二つの主張があります。

一つは、いまの日本国憲法がアメリカからの「押しつけ」であるということ、もう一つは、だからそんな憲法はこのさいはっきり廃棄して、新しく「自主的憲法」をつくろうということです。もちろん、この二つの主張点はおたがい密接に関連するもので、いわば楯の両面とでもいうか、二つには切り離せないものがあるかもしれませんが、この三段論法の前半分、いわゆる「押しつけ」論の疑点については、2の章で述べましたので、この章では、同じ論法の後半分について私見を述べてみようと思います。つまり「自主的」憲法をつくるという、その「自主的」ということが、はたして真の意味での「自主的」であるかどうか、その点をみなさんといっしょに考えてみたいと思うのです。

二口めには改憲論者は「自主的」と申します。たいへんこの言葉が好きなようです。ところで「自主的」という言葉を、いま手もとの国語辞典を開いて当たってみますと、「他からの干渉などを受けないで、自分で決定して事を行なうこと」とあります。これは、まことに耳にも快いし、だれしもこれをいやだというものはありますまい。だが、そこにこそ大きな落とし穴の危険もありうるのです。というのは、ただ自主的という看板だけでは、まったく結構な抽象だけで、なんの中味もありません。いわばからの紙袋も同様であるからです。

カンヅメの中味に注意

昔、日清の役でしたか、日露の役でしたか、肉のカンヅメというレッテルで、中味は石ころをつめこんで、それでいっきょに大もうけをしたという有名な政商の話があります。もし国民が「自主的憲法」というレッテルの石ころカンヅメに飛びつくようなことがあるとしたら、これはもうただだまされたくらいではすまないたいへんなことになるおそれがあります。それにしても「自主的憲法」というレッテルは、たしかにうまい宣伝文句を思いついたものだと思います。おそらく効果は上々でしょうし、それだけに影響力にはゆだんのならぬものがあると思います。

以下の一文は、その「自主的」という結構なレッテルつきのカンヅメのほんとうの中味はなにか、ほんとうに自主的であるかどうか、その点を検討してみたいと思って書いたものです。まずそのことを頭において読んでいただければ幸いだと思います。

2　矛盾にみちた改憲論

当時の準教科書『あたらしい憲法のはなし』

さて、新しく自主的憲法をつくれ、というからには、いまの憲法は自主的でないということにちがいありません。なるほど、だからこそ「押しつけ」というのでしょう。では、いまの憲法ができたとき、その制定に関係した政府筋では、なんとその新憲法を国民の前に説明していたのでしょうか。まずそこから考えてみる必要があります。

昭和二十二年八月といいますから、これはまさにいまの憲法が発効したばかりのときです。当時の文部省が学校用の準教科書として、「あたらしい憲法のはなし」という小冊子を出しました。

これは民間営利会社の編集ではなく、政府みずからの出版であるということが大事な点ですが、それによりますと、まことにはっきりと紛れもなく、「これまであった憲法は、明治二十二年にできたもので、これは明治天皇がおつくりになって、国民にあたえられたものです。しかし、こんどのあたらしい憲法は、日本国民がじぶんでつくったもので、日本国民ぜんたいの意見で自由につくられたものであります」とあります。（傍点を再読して下さい。）「自主的」でないなどとはオクビにもいっていません。

公布の日の天皇の言葉

いや、そんなものは時の政府の使った方便だった、という人もあるかもしれません。それなら、もう一つ例を引きましょう。これはこの教科書の出る一年近く前、いまの憲法が国民の前に公布された二十一年十一月三日、当然のことながら、貴族院本会議場（いまの参議院）では天皇陛下親臨のもとに祝典があり、いまでいう天皇の言葉、当時でいえば、もちろん勅語と呼ばれたものが読まれました。冒頭はこんなものです。

「本日、日本国憲法を公布せしめた。この憲法は、帝国憲法を全面的に改正したものであって、国家再建の基礎を人類不変の原理に求め、自由に表明された国民の総意によって確定されたのである。（下略）」

「自由に表明された国民の総意」――およそこれほどはっきりした言葉はないでしょう。してみると、もしいまの憲法が「押しつけ」で「非自主的」というのであるならば、実にこのとき、天皇への忠誠をもっとも売りものにしているはずの保守党政府と与党とは、「至尊ニシテ侵スヘカラス」とさえいいたかった天皇に、全国民の前はおろか、全世界に向かって、とんでもない大ウソをつかせたことになるのではないでしょうか。

十年後に百八十度まわれ右

ところで、その「日本国民ぜんたいの意見で自由につくられ」、「自由に表明された国民の総意によって確定された」はずの憲法が、わずか十年後にはまさに百八十度まわれ右をして、「押しつけのマッカーサー憲法」ということになったのです。それもかりに制定当時からひきつづき反対だったという野党なり、反対者なりの口から出るのなら、まだしもわかるのですが、当時はそんな反対意見などオクビにも出さずに沈黙していた人たちや――もちろん、その一部の人たちには、当時自分たちはまだ追放中だったからなにも政治的発言はできなかったというのがミソでしょうが、それもあまり感心できる理由にはなりません——もっとひどいのは積極的に賛成したはずの当時の政府、与党筋の人たちからさえ、この言葉が出るのですから、あいた口がふさがりません。*

*念のために書いておきますが、現憲法が衆議院を通過したときは、賛成四二一、反対八、この反対は主として共産党であったこともおもしろいと思います。同じく貴族院は起立採決でしたので正確な数はわかりませんが、憲法学者などから三、四名の反対者があったと記録されています。両院ともまだ帝国議会ですが、このときはすでに二十一年四月の戦後第一回の総選挙があったあとの新議会であり、したがっていまの改憲派議員のなかにも、このときはちゃんと賛成票を投じた人が何人かいるはずです。

では、このことから、わたしたちはどういう教訓を学びとるべきなのでしょうか。なるほど、改憲論者たちは、こんどこそ「自主的憲法」をつくるのだといいます。だが、いまいわれている「自主的」の中味に深い疑念を感ぜざるをえないわたしたちとしては、きわめて強い疑いがのこるのです。

つまり、かりに憲法改正が行なわれるとして、これらの人たちは、「こんどこそは自主的憲法だ」というのに決まっています。前に述べてきた例から見ますと、どうもその同じ人が、またしてもつぎの十年後、二十年後には、「いや、あれは戦後アメリカの注文に応じた憲法であった、まちがいであった」などとはたしていいださないものかどうか、どこに絶対の保証があるでしょう。まことに疑い深いようですが、二度、三度と、すでに甘口に乗せられて苦い経験をしてきた国民としては、そうそう頭から信用する気にはなれないわけです。

「鬼畜米英」を叫んだ人たち

いまの保守党政治家の大物たち？のなかには、戦争中、鬼畜米英を撃滅しないかぎり、日本の生存の道はないと大声に叫んで、なにも知らぬ素朴な国民何千万をひたすら戦争に駆り立てた人たちも、まだまだたくさんいるはずです。これは宣戦の詔勅が出たからには、国民として戦争に協力したという一般国民のばあいとはだいぶちがいます。そうした言訳はきかないはずです。ところが、いまその人たちがなんといっているでしょう。アメリカとの密接な軍事的経済的協力なしには、日本の存在の道はない、というのです。もっとひどいのは、先ごろある保守党の幹部政治家、したがって、もちろん有力な憲法改正論者であるその人が、ある公開の席で、日本の安全保障の問題で話している速記を読みました。その日米安保体制を支持しての発言の一節に、「日本の国土に星条旗がひるがえっているかぎり」、日本の防衛は安全だといっているのです。それなら戦争中もきっと親米論者のチャキチャキだったろうとお思いになるかもしれませんが、これが実は大政翼賛会の有力幹部であって、戦争遂行に指導的役割をつとめたというので、戦後は追放になっているのです。だが、これではいったい、なぜあんな戦争をアメリカとやったものか、さっぱり訳がわからなくなるのですが、それにしても「自由に表明された国民の総意」でできた憲法から、「押しつけのマッカーサー憲法」に一変するまで、手口はちっとも変わりません。あとでもいうように、変わる理由もほとんどまず同じでしょう。そう従順に、へえ、ごもっともさま、といえないのはむりもありますまい。

3　改憲論の歴史的流れ

日本よりアメリカが先

さて、つぎは改憲論の歴史というようなことを、いちおう簡単にふりかえってみることにしましょう。日本で改憲論がさかんになってくるのは、大ざっぱにいって昭和二十六、七年ごろからです。だが、ここで大事なことは、改憲への期待が公然と高まってくるのは、時間的にいって、日本よりもアメリカ側からのほうが先だということです。もちろん日本のなかでも、とりわけ追放政治家・学者などのなかで、強く改憲意見を腹にもっていた人はあるようですが、少なくとも公然とは発言していません。そしてこうした改憲論が頭をもちあげてきたというのは、いうまでもなく世界の冷戦状態がはげしくなってきたからです。冷戦状態そのものは、もちろん、戦後まもなく始まっていますが、とりわけ決定的になったのは、昭和二十四年十月、新中国、すなわち中華人民共和国が成立して、中国大陸がほとんど完全に失われるし、ついで翌年朝鮮戦争が勃発《ぼっぱつ》してからです。そうでなくとも、冷戦の激化とともに、アメリカの反共世界政策にとって、日本国憲法はまことに奇妙な邪魔物になっていました。

アメリカ軍人の考え

多少事実をひろっていきますと、昭和二十三年一月六日には、早くもロイヤル陸軍長官が、日本を「極東の工場」に育て上げ、「極東で起こりうるどんな全体主義の脅《きょう》威《い》に対しても、防壁として役立つようにしたい」という公然演説をぶっています。同じ年の十一月八日には、第八軍司令官アイケルバーガーが、これまた「第三次大戦では、日本は友軍であろう」という追い討ちをかけていますし、こえて翌二十四年七月四日（アメリカ独立記念日です）になると、当のマッカーサー元帥さえが、これまた「日本は不敗の反共防壁となるであろう」と声明するしまつです。さすがに憲法を改正するとまでは口にしていませんが、これでは日本国憲法が、大きな邪魔物であるのは当然でしょう。

もちろん、これらは軍人ばかりの発言で、軍人が日本の平和憲法の存在などあまり気にしないのは、ふしぎでもなんでもありませんが、しばらくとんで朝鮮戦争、サンフランシスコ条約、日米安保条約成立後になると、こんどはアメリカの政治家たちも、公然と日本国憲法が邪魔物であることを口に出しはじめます。

池田・ロバートソン会談とニクソン発言

たとえば二十八年十月には、有名な池田・ロバートソン会談のあと、共同声明で、日本の自衛力増強のために憲法その他が支障になっている。今後は教育・広報宣伝を通じて自衛と愛国心の養成につとめてもらいたいというアメリカ側の要望を、池田さんはあっさり飲んだことがわかります。

そしてこのことに、いわばばか念を押したのが、同じ年の十一月十九日、当時の副大統領ニクソンが日本へ来て行なった、「戦争放棄の憲法を制定させたのは誤りであった」という有名な演説です。あわれなのは日本国憲法であり、できてまだ五年とたたないうちに、すでにその制定に大きな責任者であったはずのアメリカ側からして、早くも鬼っ子の憎まれっ子として袖《そで》にされているわけです。

リチャード・ニクソン（1913-94）

鳩山ら戦前派政治家の考え

そんなわけで、日本国内での改憲論の動きというのは、実にこうした国際的背景のなか、とりわけアメリカ側からの要望が強く打ち出されるようになってから、はじめて表面に出てきたもので、このことはぜひ忘れてはならないと思います。そしてそのころ、もっとも熱心な音頭取りをつとめたのが、鳩山一郎・芦田均・重光葵《まもる》等々といった戦前派保守政治家たちです。

現に鳩山さんは、昭和二十七年にはすでに日比谷公会堂で改憲論をぶっていますし、翌二十八年三月、いわゆる鳩山自由党を結成するときには、はっきり憲法改正を基本政策の一つにかかげていました。かと思うと、重光さんは、これも二十七年七月、「必要ならば徴兵制を」というような発言までして、一騒ぎを起こしています。

その鳩山さんが、いよいよ政権をとった三十年になりますと、ますます発言は露骨になるばかりです。三月二十九日には、参院予算委員会の席上で、ある人の質問に答えて、「憲法を改正したい希望はまだもっている。……元来占領中に米国から押しつけられた憲法というのは、これは本質的に無効であるべきである。……改正したい点は第九条であり、押しつけるのに重点がおかれたのも、第九条であったと思う」とやって、「天皇又は摂政及び国務大臣（中略）その他の公務員

鳩山一郎（1883-1959）

は、この憲法を尊重し擁護《ようご》する義務を負ふ」（第九十九条）というはずの総理の口から、この憲法無効論が飛び出したとあっては、さすがに大騒ぎになり、翌々三十一日には取り消し文を読まされています。

芦田も言をひるがえす

同じく翌三十一年の二月十八日には、こんどは芦田さんが大阪中之島の公会堂で、これはまた威勢よく、現憲法を口ぎたなくこきおろしたあげくに、「もし憲法が、国のために武器をとることさえ禁じているというなら、そんな憲法は一日も早くなくしたほうがよい。……もし日本の憲法が、国を守るために武器をとることさえも禁じておるというなら、かような憲法は一日も早く改正すべきである」と、二度までもくりかえし叫んでいます。

国を守るために武器をとれるか、とれないか、これはたしかに微妙な問題にちがいありませんが、一言ここで注釈を加えますならば、別章にも述べましたが、この芦田さんという人物は、いまの憲法ができた旧帝国議会で、衆議院の憲法改正特別委員会の委員長をつとめた人で、そのときの委員長報告によると、「改正憲法の最大の特色は、大胆率直に戦争放棄を宣言したことである。これこそ世界平和への大道であり、我々はこの理想の旗をかかげて全世界に呼びかけんとするものである。（拍手）……そしてこれこそ日本が再生する唯一の機会であり、かかる機会を与えられたことに対し、私は天地神明に感謝せんと欲するものである。（拍手）……侵略戦争を否定する思想を憲法に法制化した前例は絶無ではない。……しかしわが憲法の如く、全面的に軍備を撤去し、すべての戦争を否認することを規定した憲法は、おそらく世界においてこれを嚆矢とするであろう。（大拍手）」という大見得を切ったその同じ人なのです。その人がいうからおかしいのです。「天地神明に感謝」して支持賛成したはずの憲法が、十年後には「一日も早くなくしたほうがよい」憲法になっている。これが同じ人間、しかも公的責任の大きな政治家の口から出るのですから、女郎の起請文《きしようもん》も同様、ゆめゆめ政治家というものはゆだんがならぬということにもなります。

4　改憲を迫ったアメリカ

アメリカの期待

それはさておき、わたしは先に、日本国内の改憲論には、アメリカ側の意向を受けて立ったきらいが多分にあると申しました。そういえば、ニクソンが例の「おお、ミステーク」発言して以来、もちろん日本の再軍備増強が直接のねらいでしょうが、憲法改正への期待は、その後今日まで、一貫してつづいているといっていいでしょう。邪推といわれては困りますから、はっきり活字になったものだけによって申しますが。（もっともそれだけでも、いくらでもありますが、ここではほんの二、三、典型的なものだけをあげるにとどめます。）

たとえば昭和三十一年のことです。三十一年といいますと、前述もしましたように、鳩山さん・芦田さん以下が、もっとも露骨に改憲論をぶっていた、ちょうどその時期に当たります。その年の七月二日、アメリカ下院予算委員会が、一九五七会計年度対外援助法（もっとわかりやすくいえば、例のＭＳＡ援助〔日米相互防衛援助協定〕のことです）の審議記録というのを発表したことがあります。それによると、六月十四日に日本防衛問題で秘密公聴会が行なわれ、席上ハンド議員とロバートソン国務次官補とのあいだでつぎのような一問一答があったということです。必要なところだけを引用してみますと、

ハンド議員――日本憲法がどの程度の禍《わざわい》をあたえているか？

ロバートソン次官補――現行憲法では、治安維持に必要なもの以外に軍隊建設が禁じられていると、日本はつねに言いはっている。

ハンド議員――日本側のその主張は憲法の妥当な解釈と思うか？

ロバートソン次官補――そう思う。したがってわれわれとしては日本に対し、防衛目的のための軍隊建設を可能にするよう、憲法が改正されることを望んでいる。

（三十一年七月三日「朝日新聞」夕刊、ワシントン特電の要旨による。）

そしておもしろいことには、今日にいたるまで総選挙ごとに、保守党による三分の二議席以上の獲得、したがって憲法改正の発議ができるような条件がととのうことを、もっとも強く期待しつづけているのは実はアメリカだということがわかるのです。

三十年、三十一年の総選挙

これも三、四例、おもだったところだけをあげますが、まず昭和二十八年といえば、まだ護憲革新派が三分の一議席をなんとしてもとれなかったころでしたが、その二十八年の十一月二十九日、アメリカ政府当局者のひとりから、日本の憲法改正については楽観をしているという談話がなされたことがあります。つまり、翌二十九年にはほぼ準備体制がととのい、さらに翌々三十年には、いよいよ改正が実行の段取りになるだろうという見通しだ、ということでした。

それだけに三十年二月の衆院総選挙、つづいて翌三十一年七月の参院総選挙では、鳩山首相以下の意気込みはたいへんなものでした。由来、保守党では、内心改憲の意図を根強くもちつづけながらも、どうしたわけか、総選挙にあたっては極力、意識的に、これを争点として出すことを避け、なに食わぬ顔をするのが恒例であることは、すでにご承知のとおりですが、このときばかりは例外でした。

とりわけ、三十一年の参院選挙のときなどは、前年の衆院選挙で三分の二議席の獲得に失敗したこともあってか、まことに督戦隊じみた大童《おおわらわ》ぶりであったことを覚えています。たとえば、六月一日、自民党全国支部連合会長会議の席上では、鳩山総裁・

岸幹事長以下、「憲法改正の発議に必要な三分の二以上の議席をとることが、こんどの参院選挙では絶対に必要である」といったぐあいで、それこそたいへんなハッパのかけようだったようです。（三十一年六月一日「朝日新聞」夕刊。）

護憲の天王山だった

実際この二つの総選挙では、護憲派側もまた天王山のような決意で、そのしばらく前にできていた護憲連合を強化するやら、さらに新しく護憲団体を結成するやらで、わたしたちなども柄になくずいぶん手分けをして全国をかけまわったものでした。ただ結果は幸いにして、両院ともに護憲勢力がはじめて改憲阻止の三分の一議席を確保することになり、その後今日までその点では条件の変わらないことはご承知のとおりです。

アメリカの失望

このときの結果には、さぞ保守党もがっかりしたことでしょうが、それよりももっと大きな失望は、アメリカ政府筋ではなかったかと思います。したがってその後は、さすがにあまり露骨な改憲への期待は発言されなかったようです。しかし、もちろん、期待がなくなったということではありません。現に総選挙のたびに、保守党三分の二への空頼みには相当力こぶを入れているようです。たとえば、これも二、三をあげるだけですが、三十五年十一月の衆院総選挙の直後にも、ニューヨーク＝タイムズ社説は、「自民党が三分の二をとれず、憲法の第九条を廃棄して軍事力を増強する機会を、今回も逸したことに失望している」というような趣旨のことをかかげたそうですし（三十五年十一月二十二日「読売新聞」朝刊、ニューヨーク特派員発）、また、三十八年十一月衆院選挙の直前にも、ニューヨーク＝タイムズ（一〇・二九）は、その社説で、「表向きにはそういわれていないにせよ、主要な問題は、自民党が憲法を改正し、日本の現在の地位に即した軍隊をもち、日本および自由世界の防衛に大きな責任をもてるようになるために、議会で必要な三分の二の多数をかちえられるか否かにある。……来たるべき総選挙の結果は、日本が一九四五年の軍事的崩壊の傷から、どのていど立ち直ったかを示唆するものとなろう」というような見解を述べていたことを、当時「東京新聞」（一〇・三〇）が伝えていました。

アメリカの無遠慮な発言

これもまた空頼みに終わったことはいうまでもありません。そこでここでもう一つ申し上げておきたいのは、なるほど、アメリカ側の反共政策にとって、たしかにいまの憲法は邪魔物でしょう。したがってその改正をアメリカとして強く希望するその気持、そこまではいちおうわかります。それにしても上述もしてきたように、いかに邪魔になるとはいえ、日本に向かってアメリカが、外から終始一貫、なるほど、露骨な言い方のときと、そうでもないときとのちがいこそあれ、とにかく一貫して、外国である日本国の基本法である憲法の廃棄、改正への期待を、無遠慮に発言しつづけるということはどういうことなのでしょう。かりに世界のどこかの国の憲法が、日本の政策にとって邪魔になるからといって、はたしてこんなに執念深く、その廃棄、改正を日本側から発言するなどということがあるものでしょうか。戦前の日本が中国や満州国に対してなら、あるいはそんなこともやったかもしれませんが、そうでもなければ、まずありえないはずだと思うのですが、どうでしょう。つまり、こんなこと一つにも、独立したとは申せ、占領につづく安保体制下にある日米関係のありようが、そのまま見えるように思うのです。

5　改憲は保守党の思うツボ

「アメリカが必要だというから……」

さて、それでは、このアメリカ側の終始一貫した期待に対して、日本の改憲論者たち、いや、必ずしもそのすべてとはいいません、その多数、そしてとくに熱心な主張者たちは、いったいどう反応してきたでしょうか。昭和二十九年三月――といえば、日本の改憲論がどんなに盛り上がりを見せていたか、もう一度、前に述べた部分を読んで思い出していただきたいのですが、当時の自由党は、まず党内に憲法調査会というものをはじめて発足させました。これがやがて形をかえ、結局はつい先日まであった例の内閣の憲法調査会にまで発展したわけです。その自由党憲法調査会が、三月十二日に首相官邸で第一回総会というのを開いたときのことです。この日、総裁であった鳩山さんは席上一場の挨拶演説をやっています。その一節によると、「とくにアメリカとの関係におきまして、憲法改正が必要であります。アメリカは憲法改正即軍備と考えておりますので、憲法を改正しない軍備はない。ですから、憲法を改正して軍備をもつことが必要であります」というのです。これはおそらく党の機関誌だけに載って、ほかにはほとんど出なかったはずですから、それだけに内輪どうしの気安さとでもいうのでしょうか、まことに正直、端的に真実の声をもらしているわけです。

海外派兵、核武装のふくみ

もっとも、いや、そんな引用はもう古い。いまの改憲論者はちがっているという異論もあるかもしれませんから、念のために、もう一つごく最近、一昨三十八年八月に、例の内閣のほうの憲法調査会へ提出された改憲派委員十八人の（のちには十七人ということになったようですが）共同意見書を例に引きましょう。その一節によると、現在の憲法では、「たとえば海外派兵が事実上できないこと、いっさいの核兵器がもてそうにないこと、アメリカとの協力も万全でないこと（原子力潜水艦問題など）、自衛隊の増強も思うようにまかせないこと」などを不満としてあげ、これでは「国防体制の確立に重大な障害が生じる」、だから、どうしても「第九条は当然に改正さるべき」だというのです。ある護憲派法学者がこれを評して、ということはすなわち、逆にいえば、「海外派兵をしたい、核兵器をもちたい。原子力潜水艦にも来てもらいたい。自衛隊を増強してその士気を高めたい。これらの要求をみたすために改憲が望ましいということなのである」と指摘していましたが、あながち揚げ足とりとばかりはいえないのではないでしょうか。きっとそんなことは、とんでもないいいがかりだというかもしれませんが、やはり文面のかぎりでは、法衣の下のヨロイとでもいうか、「とくにアメリカとの関係におきまして、憲法改正が必要である」と述べた鳩山発言以来のものが、脈々と底を流れており、またその本音がはからずも出たと見るのはむりでしょうか。

しかもこれが憲法調査会委員たちのグループ分けでは最大のグループをなしていた自民党ないし自民党系の改憲委員群の意見だったとすると、そう簡単に見のがすことはできないのではないでしょうか。

6　旧支配層の改憲への思惑

改憲論者の矛盾

以上、わたしはそれぞれ出所のある資料にもとづいて、「自主的憲法」の自主というのが、殺し文句ではあるが、内容は案外とんだところにある。いろいろもっともらしい言い分は出ているにしても、最大のねらいは再軍備、公然たる再軍備のための改正にある。しかも、どうやらそれが多分にアメリカ側からの要望に応じてであるという点を、明らかにしてきたつもりです。

もっとも、そういえば、あげた資料が片よっているという批判をする人があるかもしれません。だが、それにしても、こうした発言・意思表示が、十年間を通じて終始あったことまで否定することはできますまい。あれはみんな心にもないウソだったといわれれば別ですが、まさかそうもいわれますまい。また、こんな言い方もできるかもしれません。いや、それはたしかにアメリカの要望にも応じているが、同時に、そのなかでわれわれは、あくまで日本人として自主的に決定し、改正をやるのだというわけです。だが、これはもはや詭弁《きべん》であり、とてもほんとうの意味の自主とは申せますまい。もしこの論理が成立するものなら、同じ論理は現在の憲法の制定についても成立するはずです。すなわち、あれはたしかにアメリカ製の草案ではあったが、同時に、制定の過程では日本国民が自主的につくり、自主的に採択した平和憲法だという論理、つまり、前にも引いた公布記念祝典での天皇の言葉や、「あたらしい憲法のはなし」のあの論法と同じですが、それもまた成り立つことになり、それではせっかくの「押しつけ」論が雲散霧消してしまいましょう。

ひどい目にあわなかった旧支配層

そこで思うことは、このところ熱心に憲法改正を主張される人たちのほとんどは、どうやら旧明治憲法下で、たとえば天皇権力のまわりに集まっていたとか、だいたい支配層に属していて、あまりひどい目にあったことはないというような人たちのようです。これは非常に大事な点だと思います。いまの憲法ができるまで、たとえば天皇政治の犠牲者であった人たちや、赤紙一枚で牛馬のように戦争にかり出されてきた人たちは、おそらくいまの憲法になってはじめて、どんなに人間としての正当な権利や幸福を保障されてきたか、身にしみて知っているはずだと思います。

たとえ現在の日本国憲法に部分的には改めていいような欠点はあるにしても、民主・平和・基本的人権という基本的な点で、いわゆる改憲論者たちによって改められることなどは、死んでもきっと承服すまいと思います。

久布白落実さんの話

いつかある護憲の集まりで、長年婦人の地位向上のために、弾圧を忍びながら苦闘されてきた久布白落実《くぶしろおちみ》さんが、たとえばわたしたち日本の婦人は、妻が姦通すれば罰せられるが、夫がいくらやっても、男の甲斐性くらいで許されていた。こんな婦人をその不合理から解放してくれたいまの憲法——これはもうだれが押しつけたのか、くれたのかしらないが、わたしたちはどうして保守派の改憲などにまかされましょう。死んでもわたしたちは守りますと、もう年老いて、からだもあまり自由そうでない久布白さんが、訥々《とつとつ》と感想を述べられたことがありました。なまじ憲法学の理論などでない、長い実感に即したその感想が、非常に深い感銘をあたえたのを覚えています。

「イヌやネコよりましなのですか」

また、これはしばらく前ですが、畏友の臼井吉見《うすいよしみ》くんが「読売新聞」紙上で、終戦時の思い出を長い連載に書いていました。臼井くんは、戦争の末期、小隊長として召集され、東京近在のある海岸で穴掘りばかりさせられていたのですが、例の敗戦の「玉音放送」があったその直後、部下の兵たちに敗戦の事実を告げるとともに、ポッダム宣言についても簡単に説明をしてやったそうです。するとひとり、「『隊長殿！』と呼びかけた兵があった。……若い兵であった。目にいっぱい涙をためていた。『その基本的人権というのは、イヌやネコよりは、いくらかましな取り扱いをするということでありますか？』と。」ここで臼井くんは別になんの注釈も加えていませんが、おそらくこの兵士の質問に驚くとともに、深く胸をつかれるものがあったればこそ、十九年後のその日まであざやかに覚えていて書いたのでしょう。「イヌやネコよりは、いくらかましな取り扱い」——これこそは旧憲法下における、ほんとうに名もない国民の声といえるものでしょう。旧憲法下にヌクヌクとしていた支配層、あるいは軍人・官僚のもとで、犠牲のシワヨセを受けることはあっても、けっして人間らしい幸福には恵まれなかった大多数国民の、これこそ直観的に出た実感の声だったのではないでしょうか。けっしてみんなとは申しませんが、きっとみなさんのなかにも、この若い兵士の一言に実感をもって共感される方は大勢いるはずです。それを考えていただきたいのです。

それらを考えますと、たとえ部分的には多少の欠点があるにせよ、とにかくいま、現在の時点において、多くの改憲論者のいうような甘口に乗って、ウカウカと改憲などすべきときだけとは考えられません。少なくともそのことくらいはわかっていただけるだろうと思います。

殺し文句に乗せられるな

それにしても「自主」などという、言葉は美しくても、内容抜きの殺し文句だけに乗せられるのがいちばん危険です。自主という名の「追随《ついずい》」だって、けっして珍しくはないことを承知していただきたい。そのほかの内容の点でも、たとえば福祉国家ということなど、いちおうもっともらしい改正構想はいろいろうたってあります。だが、仔細《しさい》に検討すると、たとえば福祉というような美しい文句の裏で、少なくとも現在の憲法よりは、大多数国民の権利や幸福をなるべく制限しようという方向にあることがわかります。そしてそれだけ、権力者や支配層に都合よく改正しようという主張が多いことは明らかです。ここではもうそれらについて触れている余裕はありませんが、それにはいくらも護憲側からの批判も出ています。とにかく美しい謳い文句だけでごまかされるのでなく、機会があれば、そうしたものも勉強していただきたい。そしてくれぐれも「押しつけだからはねのけろ」、「自主的憲法をつくろう」などという素朴な感情論だけで動かされないように、深い期待をもってこの章を終わることにします。

5　改憲論の根底にあるもの

1　日本独自の歴史と伝統

「押しつけ」論と第九条問題にかぎられてきたわけ

　1の章でもおことわりしましたが、この本で扱った憲法関係の問題は、けっして公平に全般にわたっているとはいえません。逆にいえば、かなりひどくかたよっているということです。いわゆる「押しつけ」論に関連するわけですが、現行の日本国憲法が制定されるまでの経過と、いま一つは第九条の問題とに、もっぱらかぎられるようなことになりました。そうなったについては、わたし自身が憲法学者でないために、とうてい全般的に憲法問題に触れるには適任者でなかったということもありますが、もっと直接には、「私の憲法勉強」と題しましたように、なんといってもここ十何年か先方から挑戦的に打ち出されてきました改憲運動に対する、むしろ対抗・反対の意味でうながされてきたものであることは認めないわけにいきません。そうなると、改憲論の主張の重点が、一般政治論的には、なんといっても「押しつけ」論と第九条の問題とに焦点を結んでやってきたわけですから、いきおいのおもむくところ、わたしたちの反証も、また同じ論点に集中したのはやむをえません。が、もちろん、改憲論の主張が右の二つの点だけにあるのでないことはいうまでもありません。そこでこの一章では——これもそうした問題のすべてにわたることはとうていできませんが、——とりあえず二、三の論点について、わたしの所感を述べておきたいと思います。もちろん、これも素人市民としての管見です。むしろ読者のみなさんの批判をえたいと思います。

改憲論者のそのほかの言い分

まず第一に、現在熱心な改憲論者の主張のなかには、「日本の歴史・伝統・個性・国民性」という言葉が、実に頻繁《ひんぱん》にくりかえし出てまいります。改憲論者の見解ということになりますと、昭和三十九年七月に発表された例の「憲法調査会報告書」と、その前の三十八年八月、やはり憲法調査会内の改憲派委員十八人によって提出された共同意見書「憲法改正の方向」という、二つの文献を参考にするのが便利でしょうから、ここでもそれらに代表させて扱うつもりですが、さてその「憲法調査会報告書」の第四編「憲法調査会における諸見解」という部分のはじめに、「日本の憲法はいかなる憲法であるべきか」と題した一節があります。読んで字の通りの内容を扱っているわけですが、それによると、「多数の意見にほぼ共通に含まれている」ものとして、つぎのような三つの見解があったそうです。

一　日本の憲法は日本国民自らが自主的に制定する憲法でなければならない。

二　人類普遍の原理とともに、日本の歴史・伝統・個性・国民性に適合する憲法でなければならない。

三　世界の動向に対応する姿勢に立ち、かつ現実的、実動的な憲法でなければならない。

日本独自の歴史と伝統を重んじる

一、三の主張については、いまはしばらく触れることをしません。が、見られる通り、「日本の歴史・伝統云々」というのは、第二の主張としてはっきり打ち出されています。そしてこのことは、以下同じ節でくりかえし論じられていますが、たとえば代表的なのは、戦前の内務官僚、戦時中の閣僚であり、そしてもっとも早くからの熱心な改憲論者である広瀬久忠委員の見解でしょう。

「日本国の憲法は日本国の政治の根本法であり、日本国の政治は日本国の国柄、固有の生命の持続発展を全うすることを希求し、かつ世界普遍の原理を国の内外に実現し、人類の繁栄に寄与するものでなければならない。……右の立場から現行日本国憲法の前文を見ると、大きな欠陥がある。その一つは、それは日本国の国柄、固有の生命の持続発展を全うすることを希求しておらず、日本国の独自性についてなんら特に触れるところがないことである。」

同じ趣旨は、前述共同意見書にも、ここでは最後の「憲法における前文の規定はいかにあるべきか」という節に述べられています。引用してみましょう。

「日本の憲法には、世界共通の一般的、普遍的原理のほかに、日本独自の目標ないしビジョンが示されるのでなければ、それは『日本』の憲法といえないであろう。ところが現行憲法の前文は、この『日本』のビジョンというものを示していない。それで日本独自のビジョンとはなんであるか。それはこの国の歴史と伝統に根ざし、国民の血となり肉となったものの上にきずかれなければならない。日本人の血となり肉となったもの――それは天皇を中心とする共同社会的な連帯意識であり、ここから生み出された民族共同体的な社会構造であろう。それは西欧流の権力構造ではなく、個人と社会とをむすびつける『愛』を中心として構成されたもので、あくまでも日本の美点・長所としてうけつがれ、のばされてゆくべきものと考える。」

そのほかにも、「日本の立国の精神、すなわち歴史的、原理的に見た日本の特色および将来におけるそのあり方」という郡祐一《こおりゆういち》委員や、多少ニュアンスはちがいますが、「日本の国土および民族共同体は、われわれ祖先から受けつぎ、かつ将来永遠に子孫に伝えるものである」という神川彦松《かみかわひこまつ》委員などのそれもかぞえることができましょう。

だが、それには、具体的な限定が必要なはず

さて「日本の歴史」も「伝統」も、「共同社会」も「民族共同体」も、ただそれなりの言葉だけの抽象性ならば、必ずしも異論の出しようもないでしょう。好むと好まないとにかかわらず、「歴史」というものを無視してあらわれるわけのものでなく、「伝統」もまた、それが具体的にどんな伝統であるかさえもっと明らかにされるならば、もちろん、将来永く子々孫々に伝えなければならないものがあることは当然でしょう。だが、いま申したことでも多分おわかりのように、問題は、歴史のなかのいかなる面、伝統のなかのどのようなもの、という具体的な限定がなによりもまず必要で

しょう。なんでもすべて、ただ「歴史」であるがゆえに、ただ「伝統」であるという事実だけで、はたしてそれが厳に守られなければならない特殊性の遺産になるかどうかは、実際問題として大きな疑問です。ところが、いずれの報告書・意見書を読んでも、そうした具体性はいっこうにしめされていません。

では、その「伝統」の美点だとか、固有独自の精神だとかいった言い方で呼ばれるものが、実際には多くのばあい、どんなときに、どんな意図をもって使われてきたか、こちらから一、二の例を示して申し上げたいと思います。

2　過去の事実が語る歴史と伝統の真意

普通選挙法通過のころ

たとえば今日では普通選挙ということを、わが国固有の美俗を害する欧米直輸入のサルまねだなどと考える人はひとりもありますまい。むしろそうした話題を持ち出すほうが意外で、アッケにとられるかもしれません。だが、その普通選挙が、いまから思うと、ずいぶん不完全なものですが、それにしてもとにかく大正十四年以来わが国でも実現することになった、それまでの歴史、とりわけ反対論のほうを見ていきますと、まことに感慨にたえぬものがあります。一例だけをあげましょう。この普通選挙案が当時の帝国議会で審議されていたときですが、反対論者の花形のひとりに松田源治という代議士がいました。その反対論を議事録から一部引用してみましょう。

「わが国は外国とちがいまして個人本位の国ではないのであります。すなわち家族制度の国であります。……わが国の国情国体に適合するような制限をなさずして、無条件の普選になしたることは、いかなる理由であるかということをおたずねしたいのであります。……これ家族制度の破壊であるということを私は唱えるのである。……われわれは家庭を中心としてわが国の美風を発揮することが目的であります。」

労働組合法の例

労働組合の存在ということも同様でしょう。組合のあり方についてはいろいろ批判はあるとしましても、労働者の権利・幸福をまもるという意味の組合存在の意義を、今日否定しようという人は、よほど天保時代の石頭でないかぎり、まずありますまい。ところが三十何年か前の昭和五年、ときの浜口内閣は内外情勢の進展にかんがみて、

「労働組合法案」を議会に上程しました。ところが、そのことが発表されると、わが国の財界・産業界は猛烈な反対運動をおこしました。音頭取りになったのは当時三井財閥の大番頭であった団琢磨《だんたくま》でありますが、反対理由はやはり特殊の国柄に反するからということでした。「わが国では、労使相互の情義が基礎になっており、家族制度の延長ともいえるのが雇用制度の特徴であって、外国流の組合思想とは相容れないものがあり……いたずらに労働者の間に階級闘争を誘発し、産業内に大混乱が起きてしまいます」というのです。ここにも「労使相互の情義」という固有伝統の美風が理由になっていることに注意ねがいたいと思います。

女子の教育についても

まだまだ例はいくらでもあります。明治以来、女子教育がさかんになりだしたころも、同じ意味の反対論が、良妻主義という固有の美俗を楯《たて》にとって、これはと思う有識者の口からすらずいぶん出ています。大正のなかごろですが、欧州大戦の景気で日本の女性でも高等女学校（大学ではありません）へすすむものが非常にふえた。そこでこの傾向について、政府は臨時教育会議というのを開いて討議したのですが、伝統的な日本女性観からの反対論がなかなかに有力でした。委員のひとりに東京帝国大学総長までした山川健次郎というえらい人がいましたが、その山川でさえが女子の教育熱をなげいて、「高等女学校を卒業したものでなければ婚姻をせぬというような流行になって、社会が女子を圧迫しておる。実に気の毒なことである。気の毒ばかりでない。わが民族の存在を危くすることであるから実に危険なことである」という、女子イコール繁殖器械といったような珍妙な発言をしているのです。つまり裏をかえせば、固有伝統の良妻主義をまもれ、ということでしょう。

つねに前向きの動きを制圧

事例をあげるのはこれくらいにとどめますが、わたしのいいたかったことは、歴史・伝統・国民性、等々といえば、言葉はまことに快いのですが、過去の現実においては、残念ながら、ほとんどつねに前向きの動きを制圧しようというばあいの口実・論拠として利用されてきたということです。もはや今後はそんなことは絶対にないという保障は、もちろんありません。だとすれば、この伝統尊重という言葉だけで、うかうか改憲に同調することは、とんでもないハメ手にかかる危険がきわめて大きいということです。

もちろん、伝統ということがすべて悪いなどというのではありません。伝統・歴史、すべてに訣別《けつべつ》せよなどと、そんなむちゃは申しません。伝統にもまた保存の努力に十分値する貴重なもののあることは事実です。早い話が、社会主義革命を経た国々などで、伝統的文化遺産に手あつい保護・保存の手をのべていることは、日本などお恥かしいくらいのものがあることは、みなさんもご存知の通りです。しかし、だからといって、伝統の名を冠せられるものがすべて保存に値するなどと考えるならば、これはもう明らかに逆行です。とりわけ社会体制の問題などで、多くいわれる伝統には、人類発展の大意志からいって、きわめて危険度の高いものが多いことのほうが事実です。むしろあるばあいには、伝統を断ち切ることによって、かえって真の意味で伝統を生かすというようなケースもけっして珍しくありません。

特に当面の改憲論のばあいなど、その歴史・伝統を強調する声のなかには、上に引いた実際の用例と同じように、きわめて警戒に値する逆コース的主張の論拠になっているばあいが多いのです。問題点として特に注意していただきたいと思います。

3　改憲論者のもう一つのかくれ蓑《みの》、福祉国家論

魅力をもつその論

さて、もう一つ、改憲論の含む油断のならない曲者《くせもの》に、福祉国家論というのがあります。これもその言葉だけをきりはなして聞くと、まことに口あたりのよい魅力をもっているので、困るのですが、現代の福祉国家論というのは、まず定義風に申しますと、国は、かつての古典的資本主義時代に考えられていたような自由放任原理の国家ではなく、国民の貧困や窮乏に対しては国が責任を負う。つまり、社会保障によって国民の少なくとも人間らしい最低生活を保障すべきである。そしてこれは消極面ですが、さらに積極的には、高度資本主義のうみだす大量の富を国民大衆にひろく普及させ、生活水準の向上を実現させる責任があるとする、一つの新しい国家観というふうにいってもいいのではないでしょうか。

この通りで、言葉の上だけならいちおうまことに結構な国家論なのですが、この福祉国家という言葉ほど、こんどの改憲論、つまりはさきに述べた「共同意見書」から

「調査会報告書」にいたるまで、ふんだんに、大安売りに、ふりまかれている言葉はありますまい。「共同意見書」では、第五節「国民の権利および義務について憲法はいかに規定すべきか」という節、「調査会報告書」では、第四編第四節「国民の権利及び義務」というのが、もっぱらこの問題にあてられています。そんなふうで両者でいくどかくりかえされますが、論旨はいつも、だれがいっても、まったく同じ、単にそのつどの言いかえにすぎませんから、ここではとりあえず「調査会報告書」筆者による要約をかりることにします。

これこそ二十世紀の新しい考えというが

それによりますと、福祉国家論者、すなわち改憲論者の論拠は、まず第一に、「現行憲法第三章は個人の権利を尊重するに急なあまり、義務および国家を軽視しているものであり、また国家と個人を対立的なものとのみ考え、国家協同体における社会連帯の観念や個人の社会的責任の観念を軽視しているものである。……このような思想は十八、九世紀的な自由国家の思想であって、二十世紀における現代の福祉国家の思想に反するものである」という点にあるようです。もっとわかりよくいえば、権利ばかり強く主張するなどというのは、もう一、二世紀も前の時代おくれの考え方で、それに対して福祉国家論こそは二十世紀チャキチャキの新しい思想だ。だから、現行憲法の古くさい第三章などは早くかえしてしまえというらしいのです。日本国憲法を古くさい、時代おくれとやっつけたところが、たいへんお得意のようです。

しかし問題は、それのねらいや意味

たしかに福祉国家論がある意味で新しいことは事実でしょう。早くは前世紀末から今世紀のはじめにかけてイギリスのフェイビアン社会主義理論家たちが提出しだした考えですが、それを思想的支柱にして現実に政策面に実現したのは、なんといっても第二次大戦後のイギリス労働党および保守党の実績ですから、新しいといえば新しいといえるでしょう。

だが、問題は、新しいか古いかなどということではないのでして、大事な点は、そのいちおう口あたりのよい福祉国家という概念を、現実に改憲論者たちが、どんな前後の意味合い、どんなねらい、どんな含みで強調しているかという点にあるはずです。では、その点から見ますと、どういうことになるでしょうか。

「国家権力あっての自由」という暴論

やはり福祉国家論を一席ぶったものですが、「共同声明書」のほうに、つぎのような注目すべき一節があります。

「二十世紀後半の現代にあっては、……国家権力はかつてのように必ずしも個人の自由・人権の敵対物ではなく、むしろそのもっとも強力な保護者にすらなりうる位置におかれるようになった。……したがって現代民主主義においては、国家権力の裏づけのない自由・人権は『画にかいたボタモチ』同然のものとなり、むしろ国家権力は、国家構成員であるところの国民各個人の自由・人権を最大限に発揮するためにあると考えられなければならない。」

というおどろくべき見解です。

そんなわけで、そのあとは、「現代の民主主義ないし民主憲法は、国家権力と個人との関係において、かつてのような否定的、消極的、防衛的な線にとどまるのではなく、むしろ積極的、協力的な方向にむかわなければならないであろう」と結ぶわけですが、ここで注目すべきは、「国家権力」というものを「個人の自由・人権」の「もっとも強力な保護者」であるとするばかりでなく、さらにすすんで「国家権力の裏づけのない自由・人権は『画にかいたボタモチ』にすぎない」とまでいいきっていることでしょう。

逆にいえば、自由・人権などというものは、かつて考えられていたような、何人も奪うべからざる天賦のものでもなんでもない。「国家権力の裏づけ」があってはじめて光を放つ虚像のようなものであるというのです。なるほど、新しいかもしれませんが、まことにおどろくべき提言です。イギリスの福祉国家論にしても、たしかに国家の果たすべき役割を責任・義務の形で大きく見ていることは事実でしょうが、それにしても国家権力の重要性を、それの裏づけなしには、自由も人権も「画にかいたボタモチ」にすぎないとまで御神体扱いにした暴論は、寡聞にしてまだ聞いたことがありません。いわば国家権力あっての自由、そして人権だということでしょう。

そして、保護と自由を与える代わりに代償を要求

さすがに「調査会報告書」には、ここまで手放しの国家権力論はあらわれていませんが、「共同意見書」の参加者たちが、さらに猛烈な改憲論者まで加えて、調査会の

多数派を構成している以上、基調はそのまま受けつがれているとみないわけにはいきません。はからずも法衣の下からヨロイがのぞいていたということでしょうか。

この福祉国家論の根底にあるものを、ある護憲派専門法学者は、改憲論者の「保護論」と批判しています。「現代は国家が国民を保護する時代であるという思想が根底にある」と評しているのです。

そういえば「調査会報告書」の中にも、ある有力な改憲論者の見解を中心にして、労働および資本の保護、中小企業の保護、農業の保護、貯蓄の保護、等々まで憲法上に明記すべしというような、保護論がふんだんに述べられています。

ところで、いちおう保護というだけなら、特に目クジラ立てて反対をすることはないようなのですが、この国家権力の保護とひきかえに、その代償として国民はなにを要求されているかということが問題です。その問題にまで考えいたりますと、けっしてそう暢気に安心してはいられないはずなのです。

すぐ前にも引いた法学者も批判していますように、いったい「何のための」保護であるか、「どのような内容の」、また「どのような仕方での」保護であるかということこそ、まず飛びつく前に検討を急がねばならない問題であるはずなのです。

4　福祉国家論者の魂胆

個人の自由・権利の制約と義務を規定

そこで、もしみなさんが例の「調査会報告書」というものを読んでくださるならば——といって、この膨大な、しかもけっして一般市民読者を予想して書いたものではないこの文書を、そう簡単に読んでくださいとおねがいするのがむりであれば、せめて「国民の権利及び義務」と題された第四編第四節だけでもいいのですが、機会をこさえてザッと目を通していただきたい。そうすれば、すぐにお気づきになると思うのですが、いかに個人の自由・権利に対しての制約・制限を強化しようという、したがって、また他方ではいろいろの義務を規定すべきであるという見解が、いかに強力に改憲論者たちから述べられているか。しかもそれが、上に述べた現代福祉国家論と密接に関連して、あるいは、むしろそれとの交換・代償のような形で主張されていることに、大いに注意していただきたいのです。

つまり、下世話に申せば、国は福祉国家という形で、ずいぶんおまえたち国民に保護の手をさしのべているではないか。そのありがたい国に対して、おまえたちは自分たちの権利ばかり無制限に主張していて、それでよいのか。国と国民との一体性とでもいうか、国家に対する国民の「協力」、そして「責任」という意味で、もっと現憲法の保障しているような権利は制限されてしかるべきではないか。そしてもっと義務の規定を明記して出すのが当然だ、というわけなのです。

そして兵役の義務、言論や集会への制約へ

そこで、さっそくいろんな義務というのが、ぞくぞくとして持ち出されます。曰《いわ》く、遵法の義務、曰く、国に対する忠誠の義務、曰く、国土防衛の義務、等々といったぐあいです。さすがに兵役の義務、つまり徴兵制度の必要ということまでは、はっきり口に出していってはいませんが、しかし、たとえばつぎのような発言——

「国の防衛に奉仕する義務を規定して、徴兵・徴発などを法律で定める根拠とすべきである。自衛軍の制度としては志願兵制度をとるべきであるが、ただこの場合にも、志願兵と国家との契約の前提として防衛の義務が存在していなければならない。」（広瀬久忠委員）

「国土防衛の義務は、他人の人格・権利を尊重する義務、社会秩序を尊重する義務等とともに、社会連帯に基づく基本的義務であって、憲法に規定する必要がある。」(愛知揆《き》一《いち》委員)

——等々にいたっては、もはや兵役の義務、つまりは徴兵制度の憲法規定が、のどの奥から危うく出かかっているのではないでしょうか。

ここに見る巧妙な戦術

同様に、しばしば問題になるのは、やはり言論や集会の自由、労働者の団結権・団体交渉権等々に関するものであるようです。つまり、現行憲法の権利規定は明らかに行きすぎであり、しかも解釈・運用の点までよろしくないから、いたずらに乱用ばかりが多くて、これでは国民の道義や社会秩序がたもてないというわけです。現にこのことに関連して広瀬委員の発言のなかに、例の安保騒ぎや三井三池の労働争議への言及なども見えますから、要するに、昔ながらの治安官僚的発想でなされていることは明瞭でしょう。

ところが、このごろの支配者はなかなか戦術が巧妙になりました。さすがに直接、正面きって基本的人権を制限すべしなどというへたなことは申しません。なおまた国との一体性、国家への協力責任というようなことも、これは戦前、戦中の軍事国家もしきりにいったことだけに、魅力に乏しいとでも考えたのでしょうか。そこで持ち込んできたのが、現代福祉国家という新しい惹句《じゃっく》——つまり、国はこれだけおまえたちに保護をあたえるのだから、おまえたちももっと権利や自由を引っこめたほうがいいだろう。むしろそれが当然だ、といわんばかりの言い方なのです。それがてもなく国家への協力、社会連帯性というような、なにげなく聞くと、まことに結構なような発言になるわけですが、これでは、なんのための保護であるのか。けっして国民の利益・幸福の実現そのことが目的であるのではなくて、どうやら権力による国民支配、あるいは現支配体制を強化する効果的な手段として、福祉国家論が巧妙に持ち込まれているだけではないかと思えるのです。

ご存知の通り、福祉国家を実現するということに関する現行憲法の規定は、第二十五条にあります。つまり、第一項では、「すべて国民は、健康で文化的な最低限度の生活を営む権利を有する」と規定し、さらに第二項では、それに対する国の義務——「国は、すべての生活部面について、社会福祉、社会保障及び公衆衛生の向上及び増進に努めなければならない」ことを規定しています。

はたしてだれのための福祉か

ところで、現在これらの規定はどこまで実現されているでしょうか。いや、実現とまではいかなくとも、どれだけ実現に向かって努力されているでしょうか。たしかに日本は高度経済成長によって大国の仲間入りをしました。援助されるどころか、先進国として後進国開発に援助の手をさしのべなければならない「持てる国」になっているそうです。

たしかにその通りでしょう。だが、ひとたび国内に目を向けて、その手あつい「国の保護」は、もっとも多くだれに向かって、どんなふうにさしのべられてきたでしょうか。たしかに国民大衆の生活にも、多少の利益のあたえられたことまで否定しようとは思いません。だが、はるかに大きい獅子《しし》の取り分をとったのはだれでしょうか。

歴代の保守党政府は、毎年かならず一度は景気のよい巨額な減税の空声《からごえ》をあげます。いざ実現のときには、大幅にちぢめられているのが通例ですが、しかもそのちぢめられた減税さえ、個人所得税にはきわめてうすく、いつのまにか企業減税にすりかえられているのが常例です。それでもまだ大企業は、毎年のように「国家のために」企業減税を叫びつづけていることはご承知の通りです。

つねにバカをみる国民

わたしたち国民は、奨励されたり、前途のことを考えたりして、零細な金を欲望を抑えて郵便貯金にします。また、いろいろな保険金などもおさめます。ところが、これら国民の資金は大蔵省の資金運用部というのに吸い上げられて、それはどんなふうに使われているのでしょうか。そのうちの六〇―七〇%というものは、直接間接に大資本優先の産業基盤つくりに投下されているといっていいでしょう。こうした財政投融資の結果が、たしかにいくぶんかは国民生活の向上の上にはねかえってくることは認めます。だが、それによって国民生活への恩恵よりも、はるかに大きな利益を受けているのは、大資本そのものではないのでしょうか。

他方、公共からの生活保護を受けなければならない国民の生活のほうはどうでしょうか。よくいわれるように、その食費は、実際に計算してみて、お金持ちの飼犬の飼養費より大幅に下まわっているということです。銭湯などは、月に二、三度もいけるでしょうか。少なくとも「健康で文化的な最低限度の生活」からははるかに遠いものです。

前に三井三池の労働争議や安保闘争のこともちょっと出ましたが、どうも戦後は権利の主張や自由権の行使がゆきすぎだ、だから、よろしく制限が必要だ、といいます。なるほど、ゆきすぎもないとは申しません。だが、公平に考えて、はたして国民、すなわち勤労者と、そして資本と、どちらが手あつい保護を現実に受けているでしょうか。もし団結権や争議権の行使が野放しでけしからんというなら、あの近年大きな問題化してきている多くの公害問題などはどうなのでしょう。おそらく百中九十九までの公害というものは、もし資本が、企業体が、ほんとうに国民の利益、幸福を考える社会連帯性を自覚しているならば、当然自らにおいて公害防止の処置を講ずべきものでしょう。しかし、それをしていては利潤率が大きく低下する。だから、放置してたれ流しにする。とんだ迷惑を受ける被害者はすべて国民大衆です。これが経営権や資本の権利のゆきすぎ、野放しでなくてなんでしょう。もちろん、おくればせながら公害防止条例のようなものはつくられます。だが、それがいかに効果のないザル法であるかはご承知の通りです。まことに資本は手あつい保護を受けているというものです。

国民大衆の基本権の制限がそんなにやかましくいわれなければならないのなら、なぜ他方これらの野放し・たれ流しについては、ほとんど具体的になにもいわれないですむのでしょうか。

警戒が必要なこの論

こうした事例はあげればキリがありませんが、もしこれが事実だとすれば、改憲論者たちがふた口目には口にする現代福祉国家論なるものも、結局は、ていのよい、そして非常に手のこんだ資本保護の煙幕にすぎないとはいえないでしょうか。さらに、もし真に、純粋の動機から福祉国家論をいうのならば、改憲論よりもむしろ先に、まず現行憲法の第二十五条には立派に福祉国家の理想と責任がうたわれているのに、なぜそれへの実施努力がいっこうになされていないのか、それをこそまず強硬に批判し、要求すべきではないのでしょうか。

それを考えますと、改憲論者の福祉国家論は、どう考えても木に竹をついだような突拍子もない、強いていえば、敵を本能寺ににらんでの、一向に誠意はない「口ぶるまい」としか思えないのが残念です。

しかし、福祉国家論といえば、ある意味で現代の花形です。言葉のもつ雰囲気ではたしかに魅力をもつものだけに、改憲論者のこの論拠は、むしろ大いに警戒を必要とする問題点でしょう。かがやくものすべてが金にあらず、悪魔はときには自家の都合のために聖書の文句さえ引用するという、この永遠の格言を、この際もう一度思い起こすことが大事なのではないでしょうか。

そしてほんとうの魂胆を見分けてほしい

さて、まだ問題点は数え上げれば、いくらでもあるはずです。たとえば「日本の憲法はいかなる憲法であるべきか」などでは、「日本では、日本民族の歴史のなかに確立してきた歴史的な天皇制が、国民的統合の中心たる権威をなしてきた。そこに日本の歴史的、伝統的な天皇制の特色がある。……この精神的基礎をふたたび確立することにある」（大石義雄委員）というような発言もありますように、天皇の問題も一つでしょう。だが、これは「きわめて少数の意見である」と「報告書」にもあるくらいですから、いまはもう触れないことにいたします。ただ象徴か元首かというような形で、旧天皇制への郷愁は、キッカケさえあればいつどんな形で頭を出してくるかわからない。それだけはやはりつねに警戒しておかなければならないということ、これはもちろん、いうまでもありません。

6　日本人の憲法意識

1　わたしの世論調査

実生活のなかでの憲法意識

　学校教育のほうでも、また一部分は成人教育でも、日本国憲法が教えられるようになって、十何年かたちました。そうした意味で、新しい憲法で育ってきた人たち、また、旧明治憲法の教育から考え方の切りかえを要求されてきた人もそうですが、そうした日本人の憲法意識、そしてまた感覚がどうなっているか、とりわけ単なる知識だけではなくて、実際生活のなかに起こる諸問題、それをどう新しい憲法の考え方で処理するところまでいっているか、それを確かめてみたいというねらいで、わたしは憲法意識の社会実態調査をしたことがあります。それは昭和三十三年のことですが、この章では、その調査から得た結果を中心に、一般の憲法意識について述べることにしたいと思います。

　もちろん、わたしひとりではなにもできませんので、調査のほうは社会心理研究所のご協力を得ました。

指導要領の変化と教科書

これが基礎になるわけですが、なおそのほかに、いわば予備的知識のようなものとして、戦後、学校では、どんなふうに新しい憲法が教えられてきたか、それもいちおう当たってみました。たとえば、社会科教育の指導要領というものがありますが、それは、だいたい昭和二十二年、二十六年、三十年、それから三十三年と、内容が変わってきています。しかもそれが、だんだん時計の歯車を元へもどすような大勢にあるということは、すでにみなさんも十分ご承知だと思います。そこで、その変わっていった指導要領にもいちおう目を通し、それが教科書には、どんなふうに現われているか、それもひととおり頭に入れておくことにしました。もちろん、教科書の種類は、非常にたくさんあるので、全部にはとても当たれませんでしたが、おもだったもの、たとえば、非常に広く使われているものとか、それからまた、なんらかの意味で問題になったりしたもの、そういうものにだけ重点をおいて、小・中学三、四〇種くらいは目を通しました。

それからもう一つ、これはある便宜があって、青森県の八戸・青森・弘前と三つの地区で、実際小・中学校の社会科で憲法教育指導に当たっておられる先生がたに集まっていただき、これはヒアリングをやりました。こうしたときの結果も、多少出てきます。

ランダム・サンプリングで

だが、もちろん中心は、社会心理研究所の協力を得てやった調査報告です。最初に、調査方法について述べましょう。やり方は例の層化無作為抽出《ランダム・サンプリング》法というものです。都市部としては東京都を選びました。そして年齢別、職業別構成で、層化抽出を行なったわけです。実際当たったのは、東京都内では一〇区ですが、そのなかから無作為に四二地点を選びまして、それぞれ一地点から一〇名ずつ、つまり、四二〇名を調査対象としてぬき出しました。なかには不在とか、旅行中とか、転居とか、また拒否した人も少数はあったので、結局回答に現われたのは、男一八〇、女一七二ということになります。これが東京です。費用にも人間にも限りがあるので、まことに小規模な調査対象ですが、例の層化無作為抽出法というものの特長もあって、だいたいこれでも大都市市民層の憲法意識というものを見ることは、いちおうできるのではないかと思うのです。

農村部に大石地区を選んだ理由

農村部についてはいっそう費用・人手の制限があるので、いろいろ研究した末、埼玉県大宮市［現さいたま市］からすこし行ったところの、上尾《あげお》という人口四万弱の市に新しく編入された大石地区をとることにしました。大石地区は世帯数六七五くらいの農村です。なぜここを選んだかについて、ひとこと説明しましょう。地区を選ぶについては、いろいろ農協の方のお知恵も借りて調べたところ、この大石地区というのは、上尾駅からハイヤーなら二百円くらいのところですが、ここにはバス＝ルートがはいっていないのです。バスがないということは、東京に近いにもかかわらず、東京通勤者の夜間だけの居住地になっているということはほとんどないということです。もちろん農家の二、三男などで、自転車で駅まで行き、東京へ出ているのはかなりいますが、いわゆるサラリーマンの住宅地ではありません。東京に近くて、金も人手も比較的少なくてすむ、しかも農村地帯ということになると、この辺しか仕方がないので、とりあえずここを選んだわけです。

これも予定として、同じ抽出法で一一〇人を選んだうち、一回でとれたのもありましたが、いちばん多いのは六回も訪問しました。それでもやはりとれないのもあって、結局は男四四人、女四一人ということになってしまいました。

なお回答のとり方は、やはり個人面接にしました。そして社会心理研究所の若い人たち、それももうだいぶこの種の調査に経験をもった、いわばベテランの人たちにやってもらいました。

質問紙つくりの苦心

それから、つぎは質問紙のつくり方ですが、見本を出しておきます（二二一ページ別表1）。ところで、まずいちばん苦心したことは、いきなり憲法という言葉を出すことは、たいへんまずいので、全部で三〇近くある質問で、実際に憲法という言葉が出てくるのは、半分以上もいった質問17がはじめてということにしました。もちろん、聞かれるほうでもっと早く、憲法関係の質問だなと気づく人もあるでしょうが、そうでもなければ質問17で、はじめてわかる。少なくともそれまでは憲法という言葉はひとことも出さないということを、まず考えました。これにだいぶ時間がかかりました。

前もって一度質問表をつくったうえ、かりのテストをやってみて、その結果によってまた質問の仕方も修正し、結局別表のような形に落ちついたわけです。

質問のねらい

つぎに質問のねらいをすこし説明してみます。まず質問(Q)1と、補質問1と2は、いうまでもなく前文についてです。質問2と3が天皇、つまり、第一章です。質問4は例の第九条。質問5から質問16までは第三章、国民の権利および義務に関する条項。そのつぎの質問17は、憲法改正手続きの問題、第九六条です。それから質問18と、同じく補質問1から4までは、ふたたび第九条へかえって、そこではじめて憲法だとか、第九条だとかいったことが出てきます。ところで、ここの補質問2に、例の砂川裁判伊達判決のことが出てきます。これはちょうどこの調査の準備中に出て、世間の注意をひいたものでしたから、第九条とも関連して入れてみたわけです。質問19は、もう一ぺん天皇にかえります。それから、ちょうど皇太子ご成婚が話題の時期でしたので、質問20も入れました。質問21は、やはり国民の権利と義務の問題、あと質問22から終わりまでは、直接憲法には関係ありませんが、調査結果から、とにかく結論らしいものを導き出してくるうえの参考資料にしました。

さて、以上がだいたい質問紙をつくったときのねらい、そして含みですが、もちろん結果は、これら質問への答えをいろいろなふうに関連させながら、出してくるわけです。いくら層化無作為抽出法による調査といったところで、この調査数ではあまりに少ないことはよく知っています。とりわけ農村部においてその感を深くします。少なくとも大石地区だけをとって、日本農村の憲法意識を代表させるなどとは、もうとう思いませんが、それにしても、ただ主観的憶測よりは、いくらか客観的根拠のある判断になるだろうと思うのです。

2　憲法意識

憲法前文の記憶の有無

ところで、結果をひとことでいうと、多少意外な事実もないではありませんが、だいたいからいえば、やはりほぼ予想していたとおりの線が、大きく出たのではないかと思います。だが、もしなにか意味があるとすれば、いまもいったように、ただの主観的憶測のそれよりも、不完全ながら、とにかく実態にもとづいた結果だということだけはいえるだろうと思います。

だいたい質問紙順にしたがって、注目すべき結果をひろってみましょう。

質問1は、前にもいったように、憲法前文の一節、そのままの引用です。ただそれだとはいわないで、「読んだ記憶がある。読んだような気はするが、はっきりしない。読んだ記憶はない」という記憶の有無、あるとすれば、どこで、何を通じて知ったか、それを聞いてみたわけです。これには、ちょっと思い出す挿話があります。あのマッカーシズムが荒れ狂っていたころのアメリカでしたが、たしかギャラップの世論調査所でしたか、例のアメリカ独立の宣言文をアット＝ランダムに一般市民に示して、同じようなことを質問したところが、知らないものが相当いたばかりでなく、なかにはこれはなにか共産党の文章だろうと答えた市民まであったというので、ちょっと話題を呼んだことがあります。

大きい地域差・性別差

そんなことの連想もあって、こうした質問もつくってみたわけです。「読んだような気はするが、はっきりしない」ということになると、非常に漠然とした内容ですが、とにかく憲法というものが多少でも頭のなかにのこっているかどうかという、一つのインデックスくらいにはなるのではないでしょうか。つまり、「読んだ気はするが」ていどの人たちまで、これを同じ人のほかの質問に対する回答、たとえば身近の人種的問題だとか、天皇が国会で政治的発言をすることの当否とか、また思想的理由によって職を奪われることの是非とか、そういった質問への答えと関連させて考えてみると、だいたい憲法の大筋くらいは知っているということが出るようで、いちおう質問1の答えぶりから出る数字は、ほぼ知識としての憲法がはいっているかどうかということの座標にはなろうかと思われます。

そこで、その結果はっきり「読んだ記憶がある」が、都市の男では三八・三%、女になると、ずっと落ちて一三・九%、また農村に行くと、やはり予想どおり非常に落ちて、男で一三・六%、女になると二・四%というガタ落ちです。都市全体でいうと二六・二%、農村では八・二%ということになります。参考に、「気はするが」ていどまで含めますと、都市では、男六七・二%、女四三%、全体で五五・四%、これは当然パーセンテージが上がります。だが、農村ではそれでもまだ男三二%、女七・三

%、全体で二一・一%、つまり、一〇人に八人は、すこしも頭に残っていないというわけです。念のために、他方、ズバリ、憲法の前文だと答えたものもあります。都市では三五二人中四二名、約一割弱。農村でも四五人中二名はありました。だいたい予想されたとおりですが、憲法認識に関しては、地域差・性別差が非常に大きいことが、やはり客観的に立証されます。

年齢差に見る教育の影響力

つぎに年齢差について、ちょっと触れてみます。なんといってもいちばん知っているのは、都会の男子、一五歳から三〇歳まで。「何で読みましたか」に、教科書というのが圧倒的なのも当然でしょう。したがって、これは当然学歴差とも関係します。いまの学校では、だいたい小学校六年で教え、それから中学の二年では歴史のなかで教え、三年ではまた社会科で、それから高校へ行けばまたそこで学習するわけですし、それから、いったいどこまで憲法に関連した教科・学習か、厳密にはむずかしいところですが、かりに狭い意味に解しても、だいたい一五時間から二〇時間、一カ月くらいはかかって憲法そのものを直接教わるわけですから、教育さえしっかりしていれば、それだけ浸透はするはずです。そして、同時に、教育の仕方が変わってさえいけば、こんどは約一五年で、すっかり憲法意識が変わってくるということも、一方ではいえるわけで、考えてみるとおそろしいようなものです。そのことも考えなければなりません。(ちなみに、いちばん低いのは、農村の女、四〇歳から六〇歳です。)

ついでに知識源、つまり、「何で読みましたか」への答えですが、教科書というのが大多数だということは、前にも述べました。だからこれは教育が大いに関係するわけですが、ところが、ここでちょっとおもしろいのは、農村の答えを見ていきますと、明らかに戦後の教育を受けたものであるにもかかわらず、教科書という答えがびっくりするほど少ない。そしてむしろ新聞というほうが多いということです。非常にふしぎなのですが、教科書で知ったと答えているのは、男女合わせてたった二人しかいません。むしろ新聞のほうが七人で、とにかく、ちょっと意外な結果でした。農村の学校での憲法教育について、なにか考えさせるものがあるのではないでしょうか。(学歴関係では、それの高いほうが認識程度も高いというのは当然ですから、数字は省略します。)

下層の人に多い「ストライキ否認」

つぎには、これを質問21、つまり、ストライキの是非を聞いたのと、また質問24、「あなたは社会のどの層にはいると思いますか」という、いわば階級意識に関する質問とに関連させて調べますと、質問21の答え乙「憲法に定められた権利だからやむなし」、ないしは丙「むしろ支援する」に答えたものは、だいたい憲法意識も高いようです（男で五〇％強、女で三〇％）。いいかえれば、質問21の乙、丙の意見に賛成するものは、だいたい憲法意識のほうもいい成績のほうにいる。それに反して、ストライキはやめるべきだ、の甲の意見に賛成という人は、質問1でも、「読んだ記憶はない」の人が非常に多いのです。

もっとも、これは、ある意味であたりまえだといえるかもしれません。しかし、いささか意外なのは、もう一つの質問24で、みずから社会の上、ないし中の中くらいまでにはいると感じる人に、概して憲法意識も高く、ストライキも是認ないし、「やむなし」という答えが多いのに反して、皮肉というか、みずから中の下、ないし下にはいると感じる人に、憲法意識の弱いのは当然としても、ストライキ否認の答えが多く出ているということです（数字は省略）。どちらが原因で、どちらが結果かは、この調査だけでは判断しかねますが、とにかく現実の数字は、そう出ているのです。(なおこれは、主として都市調査についていったことで、農村のほうには、こうした有意差がはっきり出ていません。)

3 天皇・皇室に関する意識

圧倒的多数が「批判できる」の答え

そこで、このへんでひとつ、天皇・皇室のほうへとんでみましょう。質問2、3、6、および19、20などに関連します。象徴としての天皇が、もはや神聖不可侵の神格でもなんでもなく、したがって、天皇制への批判が許されるのは当然だとして、それに関連する質問2に、「批判はできる」と正常な憲法感覚で答えたものは、予想以上に多数です。別表2にあるとおり、都市で男七〇・五%、女四八・八%、計五九・九%、農村でも男五九・一%、女三九%、計四九・四%はそう答えていますから、これはいちおう相当に徹底しているといえましょう。ことに都市・農村ともに、一五歳から三〇歳までの男女が、そのなかでも七〇%から八〇%までの絶対多数を占めて、そこに判然と大きな断層があるところから見ると、一部の保守的年輩層には不満かもしれませんが、やはり教育の効果でしょう。

天皇の政治行動について

そこでこんどは、質問3に移ります。これは、ただ批判が可能か否かというような抽象的理解だけでなく、もっと具体的な天皇の行動について、憲法意識からの回答を聞いてみたわけです。つまり、「もし、天皇が国会に出向き、国の政治に関して自分の意見を述べるとしたら、あなたはそれに賛成しますか。反対しますか。——(1) 絶対賛成。(2) あるていど賛成。(3) どちらともいえない。(4) あるていど反対。(5) 絶対反対。(6) わからない」といったふうに問うてみたのです。しかしそうなると、はたして話は簡単にまいりません。質問2への結果とはだいぶちがった、判断の分化現象が現われてきました。「天皇が国会に出向いて云々」とは、天皇による政治的行動の一例を示したわけでしたが、やはり国民の頂上的存在だからというのでしょうか、質問2には「批判できる」と答えた回答者のなかからも、あるていど政治的活動を許してもいいだろうという意見もかなり出てきます。そして数字も、別表3のとおり、男女ともに目立ってふえて、いちばん大きな数字を示しているのが目につきます。都市では男二六・六%、女三一・九%、計二九・二%、農村では男二五%、女二六・八%、計二五・八%、つまり、四人に一人強は「あるていど賛成」ということになります。

かなり分散してきます。ことに、「あるていど賛成」というのが、都市でも農村でも、

新憲法意識の不徹底

いまの日本国憲法というのは、歴史的、論理的にいって、まず政治的、社会的関係の客観的事実があるていどできて、それに対応する政治意識なり権力関係なりを法制化する意味でできた憲法では、残念ながらありません。むしろ逆に、いきなり高度に民主主義化された憲法的規制ができて、それが現実をひっぱり上げていくというところが、正直にいって、大いにあります。そこに憲法そのものと、そのなかに生きる国民の生活意識とのあいだに、あるていど不幸な分裂、断層のあることは、率直にいって認めなければなりません。

それで思い出す話があります。戦後まもなく、昭和二十一年十一月四日の朝日新聞

ですから、現行憲法が公布された翌日、世田谷のさる町会長さんが町民を集めて演説をやったらしいのです。それによると、町会長さんは、「今や日本の象徴は天皇であります。私たち日本国民は、今こそ大君のへにこそ死なめのあの誓いを、ふたたび新たにしたのであります」とやったというのです。もちろん笑ってしまうのはやさしいことですが、象徴も言葉としては知っている。だが、大君のへにこそ死なめの誓いも新たに、というこの知識と意識の分裂は、なにも二十一年十一月とばかりはかぎりません。いまもなお根強くのこっているものであることを、きびしく認めねばなりますまい。質問2への答えと、質問3への答えの矛盾的数字は、こうした意識の断層から来ているのだと思います。

農村・高年齢層に濃い郷愁

ここでもう一つ指摘しておきたいのは、やはり質問2、および3に関連して、天皇制の批判は「できない」と答えたものが、都市では二六・七％、農村でも二四・七％はあり、つまり、ほぼ四人に一人はそう考えているということを示しており、また天皇の政治的行動に「絶対賛成」というのさえ、ずっと少なくはなりますが、都市で六

%、農村で一七・六%は出ていることです。しかもこれらの回答になると、なんといっても四〇歳以上の年輩層が過半数を占め、ことに六〇歳以上の年齢層に最大の数字がしばしば出ることがいちじるしく目立ちます（別表2および別表3参照）。

また、とくに女の回答に、わからない、ないし態度保留の多くなるのも、これは、あるいは質問者の技術にも原因はあったかもしれませんが、とにかく結果としては注意してよい数字だと思います。

もちろんこれらの数字をとって、すべてが意識的、自覚的な旧憲法への復帰要求を意味しているとは思いません。むしろもっと漠然とした郷愁的ムードか、でなければ、まだ十分理性的に新憲法意識が身についていないところからくる慣性的反応かとも思えますが、それにしても農村のばあいなど（都市はそうでもないが）、「あるていど」まで含めると、天皇の政治的行動賛成のほうが反対を上回っていることは（賛成四三・五%、反対二三・五%）、いちおう注意に値しましょう。

のこる天皇神聖観

もう一つ、天皇関係について。それは、神格的天皇観がまだ出ているということです。質問19がそれですが（別表4参照）、とにかくはっきり「天皇は神聖であり、神や仏と同列におかれるべきだ」というのに、東京都内で男に二人、女に二人、合わせて四人出ています。五十代が女一人、六十代が男女それぞれ一人はまだわかりますが、男の一人は三十代から出ています。また農村では、これは女ばかりですが、五人、うち二人は三十代から出ています。

神格観もつ、ある女子中学生の話

そこで、これは参考にちょっと申し上げますが、昭和三十三年ある県のある公立中学で、一年から三年までの全校生徒を対象にして、「中学生の天皇に対する意識について」というのを調査したその報告資料がありますが、実はそのなかにも、やはり中学三年生の女にひとり、「天皇は国を守る神である」というのが出ているのです。この調査者は先生です。この調査は、生徒たちの判断の基礎、つまり、学校で習ったか、自分で考えたか、それともだれかから教えられたかなどと、考え方のソースをも合わせ問うて、それと相関させて考察するという、たいへん興味深い方法をとっています。ところで、それによると、これなども中学一・二年などのばあい、「親から」「父から」というのが相当に出ています。そしてこの女の子のばあいなども、やはり父からという経路が出ているのです。中学三年といえば、憲法のことは、小学校と中学校と二度はいちおう学習しているわけですが、要するに家庭に相当年配の父母がいて、その老人がまだ家族構成のなかで強い発言権をもって、家長的権力をふるい、しかもその人物が、あくまで神格天皇観だったとすれば、たとえ学校の教育はどうあろうとも、まだまだそのほうが決定的な影響を子どもに及ぼしうるという、これは一例ではないかと思われます。この調査は生徒四一七名を対象としたものですが、この四一七対一という数字は、中学生のばあいでも、ほぼ全国的にもありうる数字なのではないでしょうか。

4　ほとんどみなが「第九条」を知っているが……

高い「第九条」の普及度

つぎに第九条関係では、別表5が示すように、質問18を見て、「知っている」「質問は「1〇〇条」か「2わからない」の二択」と答えたものが、都市の女の年輩層、そして農村男女は別として、ほとんど第九条ということといっしょに知っていたということは、注目すべきでしょう。(正確にいえば、「知っている」もの都市で四四・八%、農村で一四・一%。そのうちズバリ第九条と答えたものが、都市で三七%、農村で一〇・六%)つまり、その意味では、憲法のなかでも、第九条は、いちばん普及度の高いものだといえるでしょう。その点、前文のばあいとはだいぶちがいます。

抽象的な考えと具体的な考えのちがい

実は質問18の前に、すでに質問4で、憲法ということは伏せて、「かりに、アジアのどこかで国際的な紛争がおきたばあい、日本は自衛隊を出動させてこの紛争の解決に加わることができると思いますか」ということを聞いているのですが、これにも、「できると思う」は非常に少なく、「できないと思う」のほうが圧倒的に多いのです。とりわけ、新憲法の教育を受けた若い人だけでなく、年輩層にも非常に多い。これも別表6のように、性別に見ると、たとえば東京の男ですと、「できると思う」は二九人、「できないと思う」が一二〇人。女のばあいでも、「できる」のほうは一三に対して、「できない」のほうは一〇九です。ほとんど一〇倍に近い。そして「わからない」

「その他」は、数がうんと減っている。（「できない」は、都市で男六六・六％、女六三・四％、計六五％、男女差の僅少が目立ちます。また農村でも、男七二・七％、女四八・八％、ここでは女の「わからない」が四六・三％とひどく多いのですが、とにかく「できる」というのは、都市農村を通じて、やっと一割をちょっと出たところということです。）

ところが、興味深いことに、質問18のあとすぐ補質問1を示して、それでも、自衛隊が現にあるではないか、ということと関連させてくると、予想されたとおり、なかなか微妙な変化と分裂を示してきます。つまり、ここになると、抽象的ではなく、ただちに具体的な意見、ないし態度が要求されてくるからでしょう。

自衛隊に対する消極的肯定

補質問1は、つぎのようになっています。いまの日本には、とにかく二四万（当時は）の陸海空自衛隊が現にある。だとすれば、第九条に照らして、この事実をどう考えるか、という形で質問を打ち出して、それに対して、(1)から(6)まで回答を選んでもらいました（質問紙参照）。このうち、まず(1)の「日本にも軍隊があってよいから、この憲法は不必要だ」は、さしずめ積極的肯定とでも申せましょう。それに対して、(5)の「自衛隊は憲法のこの条文に違反するから、ただちに解散すべきだ」というのは、自衛隊違憲論であり、当然積極的否定でありましょう。そして中間にくるのが、(2)と(4)です。(2)の「自衛のため、やむをえないと思う」が、消極的肯定のことは明らかですが、なおついでにいえば、つぎの(3)「どちらともいえない」も、また(4)の「いけないとは思うが、すでにできている以上やむをえない」も、さらにまた(6)の「わからない」というのまで、この自衛隊問題のばあいだけは、消極的否定よりは、事実上やはり一種の消極的肯定になるということです。

「いけないと思うが……」が多い

さて、そこで調査結果にはいりますが、(5)の積極的否定は、男女合わせて都市で一六・七%(男二一%、女一二・四%)、農村へ行きますと、わずかに七%ということで、なんといっても、少数意見です。では、それなら(1)の積極的肯定のほうはどうかというと、いまの第九条はいらないと、はっきりそこまでくると、やはりこれも少数です。積極的否定よりもさらに低い。都市では五・四%、農村へ行っても五・九%と、ほとんど同じていど。これは護憲問題と関連して、心に留めておいていい点でしょう。

そこで、こんどは消極的賛否のほうに移りますが、まず(4)の「いけないと思うが、すでにできている以上やむをえない」といういわゆる現実的意見が、これもほぼ予想どおり、ずっと高くなっています。都会ですと、全体で二六・一％（男女ともほぼこの率）、農村へ行きますと、一六・五％（男一三・六％、女一九・五％）。これはあとで、わたしたちも話し合ったのですが、おそらくこれが面接者としても、いちばんむずかしいところではなかったのでしょうか。「いけないとは思うが」というのは、一面ではほとんど違憲説に近い、つまり、否定の考えはもっているのですが、とにかく現実にはそれがある、しかもどうにもならないで、むしろ逆にふくれ上がっている。この現実を前にしたところで、心ならずも認めないわけにはいかないというような人も、事実はここへはいってくる。結局は、つまり肯定ということになる。そんな意味で、この幅になったのでしょう。

「自衛上やむなし」とあっさり踏み切る

そしてもっとも注意すべきことは、第九条は不必要だとまではいいきらないにしても、「自衛のため、やむをえず」という(2)、つまり、再軍備―第九条廃棄とまではは っきり筋を通そうとしない。むしろ第九条などは最初から無視してかかっているのか、それとも政府解釈の、第九条があっても自衛兵力ならもてるという詭弁的PRにいかれているのか、とにかく両方をケロリとして並立させて、あっさり「自衛上やむなし」と踏み切っているのですが、これがいちばん大幅に多数見解になっているということです。数字でいいますと、都市で三四・四％（男三六・一％、女三一・一％）、農村になると、さらに三七・七％（男五〇・二％、女二四・二％）と伸びます。つまり、三分の一強が、自衛上自衛隊もやむなしという意見なのです。

これは将来、第九条を中心にして憲法改正という争点が現実に現われてきたばあい、相当に大きな問題になる意味を、いろいろ含んでいると思います。まず三分の一強という(2)の回答者は、現在でこそとくに第九条の修正・廃棄を急いでいるようではありませんが、どうせ最初からその精神を重要視するつもりはないわけです。それだけに、ひとたび修正・廃棄問題が当面の争点になって登場すれば、容易にそのほうへ傾くだろうことは目に見えています。その意味で、護憲的見地からいえば、けっして目を放してはならない数字です。

浮動票の問題

ところで、つぎは(4)ですが、これは上述もしたとおり、結果的には事実上肯定になっています。しかし、一面まだ「いけないが」という否定線が下敷きにあることも事実です。してみると、これもまた将来この人たちの否定線のほうを強化していくか、肯定線のほうが強くなるか。肯定線が強くなれば、自然(2)のほうへ近づくわけで、ここにも将来世論の奪い合いがあるわけでしょう。

公式論だけではかたづかない大事な問題があるはずだと思います。さらにもう一つ、浮動票ともいうべき、態度保留者「どちらともいえない」と、アイ＝ドント＝ノー＝グループとがあるわけです。このいわば浮動票が、将来憲法改正問題の出たときなど、はたしてどう動くか、どうつかむかということ、もっと具体的にいえば、例の憲法改正手続きの国民投票のときの過半数といったようなばあい、どんなふうに流れるか、これまたいまから考慮に入れておいて、けっして早すぎる問題ではないでしょう。

自衛隊員の家族の意識

そこで、もうすこしこの問題と関連して、この章のはじめにちょっと触れた、青森県での先生がたからのヒアリングのとき、多少聞いた話がありますから紹介しておきましょう。わたしは県下三地区のどこでも、だいたい子どもたちは、あの第九条をどう考えているか、と聞いてまわりました。ところで、どの先生もいわれたのですが、まず子どもたちは、別に条文解釈を基礎にしてではないが、いわば漠然とした直観のような形で、自衛権はある、そして自衛兵力はもてる、と考えて、やはり第九条を戦力の全面的否定とは、いまの子どもたちはとっていないようです、との話なのです。そうなると、例の第九条第二項「前項の目的を達するため」という冒頭一節の作為的解釈をもとにした、いまの政府解釈と結局同じことに帰着するわけですが、ただし、それには青森県での特殊事情ということもあるとの話です。つまり、青森県あたりでは、実際農家や町家の二、三男で、自衛隊にはいるものが相当にいる関係から、とりわけ一家のなかから自衛隊員を出している家庭などでは、あれは戦力の全面的放棄ではないというふうな考え方のほうが、家庭の環境からも、自然子どもの頭にはいってゆきます。そしてまたそれでこそ、安心感をあたえられているのです。そんなわけで疑いをもっていない子どものほうが多いという話です。したがって、これはむしろ学校教育以前の問題であって、なまじ学校などで、あまり第九条本来の精神などを強調すると、子どもたちが家に帰って、困った摩擦を起こすこともありましてね、とたいていの先生が切実な苦衷を述べていました。

5　新憲法意識は浸透しつつある

結婚の自由に強い興味

なおそのほか、国民の権利・義務に関しても、たくさん質問を出したわけですが、このほうは、あとでも述べますように、身近い生活経験に即しているためか、想像以上に新憲法意識は浸透しつつある、と見ていいとわたしは思います。とりわけ十代から二十代、さらにもっと厳密にいえば、二十代についてとくにそうです。たとえば選挙権行使の自主性に関する質問7、従業員に対する罰則としての重労働の可否を問うた質問8（第十八条）、結婚の自由に関する質問11（第二十四条）、義務教育を中途でやめさせることの可否に関する質問12（第二十六条）等々——これらは身近な生活経験で、そしてイデオロギーが関係しないからかもしれませんが、新憲法意識の浸透度は、いずれも七〇%から八〇%近い正しい答えを出しています。はたしてそれが、どこまで憲法理解にもとづいているものか、また現実に当たっての実践になったらどうなるかは、しばらく別として、いちおう意識的判断としては、いまもいったように、かなり浸透度は高いという結果になっています。

またこれらの問題では、都市と農村とで、あまり意識差の出ていないのも注目に値します。結婚の自由などになると、農村のほうが、まだ現実目の前にひどい封建的家族関係を見ているせいか、都市よりもかえって高い率を示しています。これも青森県の先生がたから聞いた話ですが、憲法の学習で、どんな問題に、子どもたちがいちばん興味をもっているか聞いてみたところが、やはり結婚の自由だと、ひどくはっきり答えられたことも思い出します。

イデオロギーぎらい

そんなわけで、日常生活の面では、旧憲法意識は案外想像以上に大きく、また急速に、くずれつつあるのではないでしょうか。ところが、おもしろいことは、それらの人権意識に、ひとたびイデオロギーがはいりこんでくると、問題はけっしてそう簡単にはかたづかないらしいのです。

たとえば質問5、10、13などがそれです。質問5は、「もし共産主義を信じている人を、その思想や信条を理由として、職場から解雇するとしたら、あなたはそれに賛成しますか。反対しますか」(第十九条)、質問10は、「いまの日本では、反政府的な考えを持っている人たちが、結社をつくって、反国家的な宣伝をすることが、許されていると思いますか」(第二十一条)、質問13は、「ある大学の教授が、反国家的な研究論文を公表したばあい、政府がその論文を反国家的として没収したり、その教授の地位をうばうことが許されると思いますか」(第二十一条)等々ですが、そういう多少ともイデオロギーが関係してくる質問になると、憲法による正常な判断を下せるものは、とたんに減ってきます。これも概括的にいうと、都会で三七%くらい、農村になると二二%前後になります。そして相変わらず旧憲法意識の出るものが、都会で二八%くらい、農村へ行くと、三六%にもはね上がってきます。

6　憲法意識と教育の力

新しい教科書でも教育できる

なんといっても憲法を浸透させるいちばん大きな力は戦後の教育であったことがはっきりしています。では、その教育が、今後これからどうなっていくか。現在のところ、学校で新しい憲法教育を受けてきたものは、まず二十代までです。だから、これがこのままつづいて、一〇年後にでもなれば、日本人の憲法意識は、さらにもっとはっきり変わってくるだろうことは、非常に確実にいえます。ところで、新しい指導要領、とりわけ社会科のそれが、どんどん逆まわりするような傾向にあること、またそれによってつくられる新しい教科書の問題などが、教育関係者の非常な憂慮になっていることは、ご承知のとおりです。わたしもそれらにいちおうは目を通してみました。これは専門教育畑の外の人間がいうことですし、また真剣に将来の教育を心配してたたかっておられる人たちからは、あるいはおしかりを受けるかもしれませんが、わたしの見たかぎりでは、これでは絶対に正しい憲法教育はできないというところまでは、まだ行っていないように思いました。もちろん逆もどりの兆候はいくつも目につきました。だが、教師がはっきりした正しい憲法意識をもって、その立場から教科書を使いこなすかぎり、まだ絶望するほど道がとざされているとは思えません。

教科書の使い方

たとえば、それら教科書のうちの一種、非常に新指導要領に忠実だといわれるある社会科教科書も見てみましたが、それにしても、たとえば現行憲法の三大原則、つまり、国民主権と基本的人権と平和主義という三つの柱は、見失われているわけではありません。もっとも、ささえる熱意というか、それは変わったともいえましょう。たとえばある教科書でしたが、旧版では、たとえ憲法改正が行なわれても、この三大原則だけは変えることはできぬと、はっきり明記してあったのが、新版では、そういう表現が除かれて、これは憲法の三つの柱です、というぐあいに、ただ事実の叙述というだけになっている例などがあります。だが、それにしても、まだこれだけならば、正しい憲法意識をもった教師が正しく使用するかぎり、まだまだ希望はあるし、またそれをこそ望みたいものです。

強まる文教統制

だから、それよりもむしろ非常に懸念されることは、そうした教師の自主的教育と情熱を拘束するような権力的文教統制がかかってくるおそれと、もう一つは、前にもちょっと触れた青森県の先生たちのばあいのように、正しい憲法教育をはばむような社会的条件の進展ということです。前者については、わたしの会った社会科の先生のなかには、まだ教師の心がまえしだいでは十分自由な創意でやれると語った人もいますし、また反対に、すでに教育委員会などとの関係で、ひどく困難になったと嘆じた人もあります。

だが、そういえば、ほとんどすべての社会科教師たちの心配していましたのは、昭和三十三年、新しい指導要領ができて、それに伴い文部省小中教育局から、はっきり「これを基準とすべし」という内容の通達があったということでした。基準という言葉も運用しだいです。もしそれが、かつての視学官的教育監督の強化ということにでもなってくれば、これは相当の大問題で、憲法教育なども事実上の窒息になるかもしれません。たとえば、新指導要領によったある教科書の見本を見ましたが、これなど昔なつかしい「建武の中興」というのが、りっぱに一単元となって出ています。どんなことを教え込むねらいで掘り起こしてきたものか。さらにそれが「基準とすべし」などという通達といっしょになると、ずいぶん妙なことになるおそれは十分にあると思うのです。

憲法教育の形式化

さらに、これはある社会科教師がいった言葉で、非常に強い印象をあたえられたものですが、それは、近年憲法学習が、だんだん国語科的憲法教育になってゆくという一言でした。いう意味は、本来当然内容・精神の憲法学習であるべきものが、だんだん字句の解釈や知識的暗記に傾いてゆき、内容・精神は、ほんの上っつらを流すだけで終えてしまうようになった。教師もまた、なまじ内容などに深入りせず、お茶を濁して通りたがる、という話なのです。これは非常に重大事だと思います。もしそうした学習方法をよぎなくさせるような状況が存在するとすれば、そのことこそ重大です。いちおう憲法学習は、形の上でだけ行なわれながら、実質はすっかり喪失ということになる可能性も、ありすぎるほどあるからです。

全般的な調査の必要

さて、最後に、またもう一度簡単に、調査のことにかえります。わたしのこの調査は、規模も小さく、とりわけ農村の面において、ひどく不完全なことはよく知っています。だが、ただ層化無作為抽出法というもののありがたさで、かりにもっと大規模にやったところで、そうちがった結果は出ないのではないかとは思います。だが、それにしても、もっと人手も費用もあるところで、もっと全般的にやっていただけたらという気持はあります。また比較すべき五年前、一〇年前といった同じような調査結果があったならばと、これも心から思いました。それは、わたしもずいぶん捜してみました。たとえば、内閣調査局で行なった憲法に関する世論調査というのも、結果だけは手に入れましたが、これは憲法改正だけを中心にしたもので、結局ほとんど使えませんでした。そんなわけで、同じこの問題を歴史的に五年前、一〇年前と比較してみられないのは、非常に残念ですが、仕方がないと思います。

付1　憲法改正案（一月四日稿）

松本烝治

第三条　天皇ハ至尊ニシテ侵スヘカラス

第七条　天皇ハ帝国議会ヲ召集シ其ノ開会閉会及停会ヲ命ス
天皇ハ衆議院ノ解散ヲ命ス但シ同一事由ニ基キ重ネテ解散ヲ命スルコトヲ得ス

第八条　天皇ハ公共ノ安全ヲ保持シ又ハ其ノ災厄ヲ避クル為緊急ノ必要ニ由リ帝国議会閉会ノ場合ニ於テ法律ニ代ルヘキ勅令ヲ発ス但シ議院法ノ定ムル所ニ依リ帝国議会常置委員ノ諮詢ヲ経ヘシ
此ノ勅令ハ次ノ会期ニ於テ帝国議会ニ提出スヘシ若議会ニ於テ承諾セサルトキハ政府ハ将来ニ向テ其ノ効力ヲ失フコトヲ公布スヘシ

第九条　天皇ハ法律ヲ執行スル為ニ又ハ行政ノ目的ヲ達スル為ニ必要ナル命令ヲ発シ又ハ発セシム但シ命令ヲ以テ法律ヲ変更スルコトヲ得ス

第十一条　天皇ハ軍ヲ統帥ス

軍ノ編制及常備兵額ハ法律ヲ以テ之ヲ定ム

第十二条　天皇ハ帝国議会ノ協賛ヲ以テ戦ヲ宣シ和ヲ講ス
前項ノ場合ニ於テ内外ノ情形ニ因リ帝国議会ノ召集ヲ待ツコト能ハサル緊急ノ必要アルトキハ議院法ノ定ムル所ニ依リ帝国議会常置委員ノ諮詢ヲ経ルヲ以テ足ル此ノ場合ニ於テハ次ノ会期ニ於テ帝国議会ニ報告シ其ノ承諾ヲ求ムヘシ

第十三条　天皇ハ諸般ノ条約ヲ締結ス但シ法律ヲ以テ定ムルヲ要スル事項ニ関ル条約又ハ国庫ニ重大ナル負担ヲ生スヘキ条約ヲ締結スルハ帝国議会ノ協賛ヲ経ヘシ
前項但書ノ場合ニ於テ特ニ緊急ノ必要アルコト前条第二項ト同シキトキハ其ノ条規ニ依ル

第十五条　天皇ハ栄典ヲ授与ス

第二十条　日本臣民ハ法律ノ定ムル所ニ従ヒ役務ニ服スル義務ヲ有ス

第二十八条　日本臣民ハ安寧秩序ヲ妨ケサル限ニ於テ信教ノ自由ヲ有ス

第三十一条　日本臣民ハ前数条ニ掲ケタル外凡テ法律ニ依ルニ非スシテ其ノ自由及権利ヲ侵サルルコトナシ

第三十二条　削除

第三十三条　帝国議会ハ参議院衆議院ノ両院ヲ以テ成立ス

第三十四条　参議院ハ参議院法ノ定ムル所ニ依リ選挙又ハ勅任セラレタル議員ヲ以テ組織ス

第三十九条ノ二　衆議院ニ於テ引続キ三回其ノ総員三分ノ二以上ノ多数ヲ以テ可決シテ参議院ニ移シタル法律案ハ参議院ノ議決アルト否トヲ問ハス帝国議会ノ協賛ヲ経タルモノトス

第四十二条　帝国議会ハ三箇月以上ニ於テ議院法ノ定メタル期間ヲ以テ会期トス必要アル場合ニ於テハ勅令ヲ以テ之ヲ延長スルコトアルヘシ

第四十三条　臨時緊急ノ必要アル場合ニ於テ常会ノ外臨時会ヲ召集スヘシ其ノ会期ヲ定ム

ルハ勅令ニ依ル両議院ノ議員ハ各〻其ノ院ノ総員三分ノ一以上ノ賛成ヲ得テ臨時会ノ召集ヲ求ムルコトヲ得

第四十四条　帝国議会ノ開会閉会会期ノ延長及停会ハ両院同時ニ之ヲ行フヘシ衆議院解散ヲ命セラレタルトキハ参議院ハ同時ニ閉会セラルヘシ

第四十五条　衆議院解散ヲ命セラレタルトキハ勅命ヲ以テ新ニ議員ヲ選挙セシメ解散ノ日ヨリ三箇月以内ニ帝国議会ヲ召集スヘシ

第四十八条　両議院ノ会議ハ公開ス但シ其ノ院ノ決議ニ依リ秘密会ト為スコトヲ得

第五十三条　両議院ノ議員ハ現行犯罪又ハ内乱外患ニ関ル罪ヲ除ク外会期中其ノ院ノ許諾ナクシテ逮捕セラルルコトナシ会期前ニ逮捕セラレタル議員ハ其ノ院ノ要求アルトキハ会期中之ヲ釈放スヘシ

第五十五条　国務大臣ハ天皇ヲ輔弼シ一切ノ国務ニ付帝国議会ニ対シテ其ノ責ニ任ス
凡テ法律勅令其ノ他国務ニ関ル詔勅ハ国務大臣ノ副署ヲ要ス軍ノ統帥ニ付亦同シ
衆議院ニ於テ国務大臣ニ対スル不信任ヲ議決シタルトキハ解散アリタル場合ヲ除ク外其

ノ職ニ留ルコトヲ得ス

第五十五条ノ二　国務各大臣ヲ以テ内閣ヲ組織ス
内閣ノ官制ハ法律ヲ以テ之ヲ定ム

第五十六条　枢密顧問ハ天皇ノ諮詢ニ応ヘ重要ノ国務ヲ審議ス
枢密院ノ官制ハ法律ヲ以テ之ヲ定ム

第五十七条　司法権ハ天皇ノ名ニ於テ法律ニ依リ裁判所之ヲ行フ
裁判所ノ構成ハ法律ヲ以テ之ヲ定ム
行政事件ニ関ル訴訟ハ別ニ法律ノ定ムル所ニ依リ裁判所ノ管轄ニ属ス

第六十一条　削除

第六十五条　予算ハ前ニ衆議院ニ提出スヘシ
参議院ハ衆議院ノ議決シタル予算ニ付増額ノ修正ヲ為スコトヲ得ス

第六十六条　皇室内廷ノ経費ハ定額ニ依リ毎年国庫ヨリ之ヲ支出シ増額ヲ要スル場合ヲ除

ク外帝国議会ノ協賛ヲ要セス

第六十七条　法律ノ結果ニ由リ又ハ法律上政府ノ義務ニ属スル歳出ハ政府ノ同意ナクシテ帝国議会之ヲ廃除シ又ハ削減スルコトヲ得ス

第六十九条　避クヘカラサル予算ノ不足ヲ補フ為ニ又ハ予算ノ外ニ生シタル必要ノ費用ニ充ツル為ニ予備費ヲ設クヘシ

予備費ヲ以テ予算ノ外ニ生シタル必要ノ費用ニ充ツルトキハ議院法ノ定ムル所ニ依リ帝国議会常置委員ノ諮詢ヲ経ヘシ

避クヘカラサル予算ノ不足ヲ補フ為ニ又ハ予算ノ外ニ生シタル必要ノ費用ニ充ツル為ニ予備費外ニ於テ支出ヲ為ストキハ亦前項ノ条規ニ依ル

第七十条　公共ノ安全ヲ保持スル為緊急ノ需要アル場合ニ於テ内外ノ情形ニ因リ政府ハ帝国議会ヲ召集スルコト能ハサルトキハ勅令ニ依リ財政上必要ノ処分ヲ為スコトヲ得但シ議院法ノ定ムル所ニ依リ帝国議会常置委員ノ諮詢ヲ経ヘシ

前項ノ場合ニ於テハ次ノ会期ニ於テ帝国議会ニ提出シ其ノ承諾ヲ求ムルヲ要ス

第七十一条　帝国議会ニ於テ予算ヲ議定セス又ハ予算成立ニ至ラサルトキハ政府ハ会計法

ノ定ムル所ニ依リ暫定予算ヲ作成シ予算成立ニ至ルマテノ間之ヲ施行スヘシ
此ノ場合ニ於テハ会計年度開始後ニ於テ其ノ年度ノ予算ト共ニ前項ノ暫定予算ヲ帝国議会ニ提出シ其ノ承諾ヲ求ムルヲ要ス

第七十三条　将来此ノ憲法ノ条項ヲ改正スルノ必要アルトキハ勅命ヲ以テ議案ヲ帝国議会ノ議ニ付スヘシ
両議院ノ議員ハ各〻其ノ院ノ総員三分ノ一以上ノ賛成ヲ得テ改正ノ議案ヲ発議スルコトヲ得
前二項ノ場合ニ於テ両議院ハ各〻其ノ総員三分ノ二以上出席スルニ非サレハ議事ヲ開クコトヲ得ス出席議員三分ノ二以上ノ多数ヲ得ルニ非サレハ改正ノ議決ヲ為スコトヲ得ス
天皇ハ帝国議会ノ議決シタル憲法改正ヲ裁可シ其ノ公布及執行ヲ命ス

第七十五条　削除

補　則

現行ノ命令ニシテ此ノ憲法改正ノ条規ニ依リ法律ヲ以テ定ムルヲ要スル事項ヲ定メタル

モノハ其ノ廃止又ハ改正セラルルマテノ間ハ仍効力ヲ有ス
此ノ憲法改正中　第八条　第十二条　第十三条　第三十三条　第三十四条　第三十九条ノ二　第四十二条　第四十四条　第五十五条ノ二　第五十六条　第五十七条　第六十一条　第六十六条　第六十九条　第七十条及第七十一条ノ改正ハ各〻其ノ執行ニ必要ナル法律命令ノ制定施行セラルルマテ其ノ効力ヲ生セサルモノトシ其ノ間ハ仍旧法ノ条規ニ依ル

付2　日本国憲法

「日本国憲法」は、日本側に交付された「司令部草案」に準拠して、日本側が昭和二十一年三月二日に作成したものであり、同年三月四日、連合国最高司令部に提出された。この資料は、原本によった。

第一章　天皇

第一条　天皇ハ日本国民至高ノ総意ニ基キ日本国ノ象徴及日本国民統合ノ標章タル地位ヲ保有ス。

第二条　皇位ハ皇室典範ノ定ムル所ニ依リ世襲シテ之ヲ継承ス。

第三条　天皇ノ国事ニ関スル一切ノ行為ハ内閣ノ輔弼ニ依ルコトヲ要ス。内閣ハ之ニ付其ノ責ニ任ズ。

第四条　天皇ハ此ノ憲法ニ定ムル国務ニ限リ之ヲ行フ。政治ニ関スル権能ハ之ヲ有スルコトナシ。

天皇ハ法律ノ定ムル所ニ依リ其ノ権能ノ一部ヲ委任シテ行使セシムルコトヲ得。

第五条　皇室典範ノ定ムル所ニ依リ摂政ヲ置クトキハ摂政ハ天皇ノ名ニ於テ其ノ権限ヲ行フ。此ノ場合ニ於テハ前条第一項ノ規定ヲ準用ス。

第六条　天皇ハ国会ノ決議ヲ経テ内閣総理大臣ヲ任命ス。
第七条　天皇ハ内閣ノ輔弼ニ依リ国民ノ為ニ左ノ国務ヲ行フ。
一　憲法改正、法律、閣令及条約ノ公布
二　国会ノ召集
三　衆議院ノ解散
四　衆議院議員ノ総選挙ヲ行フベキ旨ノ命令
五　国務大臣、大使及法律ノ定ムル所ニ依ル其ノ他ノ官吏ノ任免
六　大赦、特赦、減刑、刑ノ執行ノ停止及復権
七　栄典ノ授与
八　外国ノ大使及公使ノ引接
九　式典ノ挙行
第八条　皇室ニ対シ又ハ皇室ヨリスル財産ノ授受及収支ハ国会ノ承諾ナクシテ之ヲ為スコトヲ得ズ。

第二章　戦争ノ廃止

第九条　戦争ヲ国権ノ発動ト認メ武力ノ威嚇又ハ行使ヲ他国トノ間ノ争議ノ解決ノ具トスルコトハ永久ニ之ヲ廃止ス。
陸海空軍其ノ他ノ戦力ノ保持及国ノ交戦権ハ之ヲ認メズ。

第三章　国民ノ権利及義務

第十条　国民ハ凡テノ基本的人権ノ享有ヲ妨ゲラルルコトナシ。

此ノ憲法ノ保障スル国民ノ基本的人権ハ其ノ貴重ナル由来ニ鑑ミ、永遠ニ亘ル不可侵ノ権利トシテ現在及将来ノ国民ニ賦与セラルベシ。

第十一条　此ノ憲法ノ保障スル自由及権利ノ享有ハ国民ノ不断ノ監視ニ依リテ保持セラルベク、国民ハ其ノ自由及権利ノ濫用ヲ自制シ常ニ公共ノ福祉ノ為ニ之ヲ利用スルノ義務ヲ負フ。

第十二条　凡テノ国民ハ個人トシテ尊重セラルベク、其ノ生命、自由及幸福ノ追求ニ対スル権利ハ公共ノ福祉ニ牴触セザル限立法其ノ他諸般ノ国政ノ上ニ於テ最大ノ考慮ヲ払ハルベシ。

第十三条　凡テノ国民ハ法律ノ下ニ平等ニシテ、人種、信条、性別、社会上ノ身分又ハ門閥ニ依リ政治上、経済上又ハ社会上ノ関係ニ於テ差別セラルルコトナシ。

爵位、勲章其ノ他ノ栄典ハ特権ヲ伴フコトナシ。

第十四条　外国人ハ均シク法律ノ保護ヲ受クルノ権利ヲ有ス。

第十五条　官吏其ノ他ノ公務員ハ国家社会ノ公僕ニシテ、其ノ選任及解任ノ権能ノ根源ハ全国民ニ存ス。

第十六条　凡テノ選挙ニ於テ投票ノ秘密ハ不可侵ニシテ、選挙人ハ其ノ為シタル被選挙人ノ選択ニ関シ責ヲ問ハルルコトナシ。
第十七条　凡テノ国民ハ損害ノ救済、公務員ノ罷免及法令ノ制定改廃ニ関シ請願ヲ為スノ権利ヲ有シ、之ヲ為シタルノ故ヲ以テ害悪ヲ加ヘラルルコトナシ。
第十八条　凡テノ国民ハ信教ノ自由ヲ有シ、礼拝、祈禱其ノ他宗教上ノ行為ヲ強制セラルルコトナシ。
宗教団体ハ政治ニ干与シ又ハ国ヨリ特権ヲ付与セラルルコトヲ得ズ。
国及其ノ機関ハ宗教教育ノ実施其ノ他宗教上ノ活動ヲ為スコトヲ得ズ。
第十九条　凡テノ国民ハ其ノ思想及良心ノ自由ヲ侵サルルコトナシ。
第二十条　凡テノ国民ハ安寧秩序ヲ妨ゲザル限ニ於テ言論、著作、出版、集会及結社ノ自由ヲ有ス。
検閲ハ法律ノ特ニ定ムル場合ノ外之ヲ行フコトヲ得ズ。
第二十一条　凡テノ国民ハ信書其ノ他ノ通信ノ秘密ヲ侵サルルコトナシ。公共ノ安寧秩序ヲ保持スル為必要ナル処分ハ法律ノ定ムル所ニ依ル。
第二十二条　凡テノ国民ハ研学ノ自由ヲ侵サルルコトナシ。
第二十三条　凡テノ国民ハ法律ノ定ムル所ニ依リ其ノ能力ニ応ジ均シク教育ヲ受クルノ権利ヲ有ス。
凡テノ国民ハ法律ノ定ムル所ニ依リ其ノ保護スル児童ヲシテ普通教育ヲ受ケシムルノ義務ヲ負フ。其ノ教育ハ無償トス。

第二十四条　凡テノ国民ハ法律ノ定ムル所ニ依リ勤労ノ権利ヲ有ス。
賃金、就業時間其ノ他勤労条件ニ関スル事項ハ法律ヲ以テ之ヲ定ム。
第二十五条　勤労者ハ法律ノ定ムル所ニ依リ団結ノ権利及団体交渉其ノ他ノ集団行動ヲ為スノ権利ヲ有ス。
第二十六条　凡テノ国民ハ公共ノ福祉ニ抵触セザル限ニ於テ居住、移転及生業選択ノ自由ヲ有ス。
国民ハ外国ニ移住シ又ハ国籍ヲ離脱スルノ自由ヲ侵サルルコトナシ。
第二十七条　凡テノ国民ハ法律ノ定ムル裁判官ノ裁判ヲ受クルノ権ヲ奪ハルルコトナシ。
第二十八条　凡テノ国民ハ法律ニ依ルニ非ズシテ其ノ生命若ハ身体ノ自由ヲ奪ハレ又ハ処罰セラルルコトナシ。
残虐ナル刑罰ハ之ヲ課スルコトヲ得ズ。
第二十九条　凡テノ国民ハ種類ノ如何ヲ問ハズ其ノ意ニ反シテ役務ニ服セシメラルルコトナク、且刑罰ノ場合ヲ除クノ外苦役ヲ強制セラルルコトナシ。
児童ノ虐使ハ之ヲ禁止ス。
第三十条　何人ト雖モ現行犯罪ノ場合ヲ除クノ外正当ナル令状ニ依ルニ非ズシテ逮捕セラルルコトナク、且正当ノ理由ナクシテ拘禁セラルルコトナシ。
拷問ハ之ヲ禁止ス。
第三十一条　何人ト雖モ裁判所ノ判決確定後ニ於テ同一ノ刑事事件ニ付再ビ審理セラルル

コトナシ。但シ法律ノ定ムル再審ノ場合ハ此ノ限ニ在ラズ。

第三十二条　何人ト雖モ自白又ハ自己ノ不利益ナル証言ヲ為スコトヲ強制セラルルコトナシ。

自白ガ直接又ハ間接ニ強制、拷問又ハ脅迫ノ下ニ為サレタルトキハ証拠トシテ之ヲ認ムルコトヲ得ズ。

自白ノ外他ニ犯罪ノ証拠ナキ者ニ対シテハ有罪ノ判決ヲ為スコトヲ得ズ。

第三十三条　何人ト雖モ適法ノ行為ニ付後日遡及シテ処罰セラルルコトナシ。

第三十四条　凡テノ国民ハ法律ニ依ルニ非ズシテ住所ニ侵入セラレ及捜索セラルルコトナシ。

緊急ノ場合ヲ除クノ外住所ノ侵入、捜索及押収ハ正当ナル令状ニ基クニ非ザレバ之ヲ為スコトヲ得ズ。

第三十五条　凡テノ国民ハ其ノ財産権ヲ侵サルルコトナシ。

財産権ノ内容及範囲ハ公共ノ福祉ニ反セザル限度ニ於テ法律ヲ以テ之ヲ定ム。

公共ノ福祉ノ為必要ナル処分ハ法律ヲ以テ之ヲ定ム。但シ公正ナル補償ヲ与フルコトヲ要ス。

第三十六条　財産権ハ義務ヲ伴フ。其ノ行使ハ公共ノ福祉ノ為ニ為サルベキモノトス。

第三十七条　婚姻ハ男女相互ノ合意ニ基キテノミ成立シ、且夫婦ガ同等ノ権利ヲ有スルコトヲ基本トシ相互ノ協力ニ依リ維持セラルベキモノトス。

第三十八条　凡テ国民生活ニ関スル法令ハ自由ノ保障、正義ノ昂揚並ニ公共ノ福祉及民主主義ノ向上発展ヲ旨トシテ之ヲ定ムルコトヲ要ス。

第四章　国　会

第三十九条　国会ハ国権ノ最高機関ニシテ立法権ヲ行フ。

第四十条　国会ハ衆議院及参議院ノ両院ヲ以テ成立ス。

第四十一条　衆議院ハ選挙セラレタル議員ヲ以テ組織ス。

衆議院議員ノ員数ハ三百人乃至五百人ノ間ニ於テ法律ヲ以テ之ヲ定ム。

第四十二条　衆議院議員ノ選挙人及候補者タル資格ハ法律ヲ以テ之ヲ定ム。但シ性別、人種、信条又ハ社会上ノ身分ニ依リテ差別ヲ付スルコトヲ得ズ。

第四十三条　衆議院議員ノ任期ハ四年トス。但シ衆議院ノ解散ニ依リ其ノ満期前ニ終了スルコトヲ妨ゲズ。

第四十四条　衆議院議員ノ選挙、選挙区及投票ノ方法ニ関スル事項ハ法律ヲ以テ之ヲ定ム。

第四十五条　参議院ハ地域別又ハ職能別ニ依リ選挙セラレタル議員及内閣ガ両議院ノ議員ヨリ成ル委員会ノ決議ニ依リ任命スル議員ヲ以テ組織ス。

参議院議員ノ員数ハ二百人乃至三百人ノ間ニ於テ法律ヲ以テ之ヲ定ム。

第四十六条　参議院議員ノ任期ハ第一期ノ議員ノ半数ニ当ル者ノ任期ヲ除クノ外六年トシ、各種ノ議員ニ付三年毎ニ其ノ半数ヲ改選ス。

第四十七条　参議院議員ノ選挙又ハ任命、各種議員ノ員数及其ノ候補者タル資格ニ関スル事項ハ法律ヲ以テ之ヲ定ム。
第四十八条　何人ト雖モ同時ニ両議院ノ議員タルコトヲ得ズ。
第四十九条　両議院ノ議員ハ法律ノ定ムル所ニ依リ国庫ヨリ相当額ノ歳費ヲ受ク。
第五十条　両議院ノ議員ハ法律ノ定ムル場合ヲ除クノ外国会ノ会期中逮捕セラルルコトナシ。会期前ニ逮捕セラレタル議員ハ其ノ院ノ要求アルトキハ会期中之ヲ釈放スベシ。
第五十一条　両議院ノ議員ハ議院ニ於テ為シタル演説、討議又ハ表決ニ付院外ニ於テ責ヲ負フコトナシ。
第五十二条　国会ハ少クトモ毎年一回之ヲ召集ス。
第五十三条　内閣ハ臨時議会ヲ召集スルコトヲ得。各議院議員ノ総員四分ノ一以上ニ当ル者ノ要求アリタルトキハ之ヲ召集スルコトヲ要ス。
第五十四条　衆議院解散ヲ命ゼラレタルトキハ解散ノ日ヲ距ル三十日乃至四十日ノ期間内ニ衆議院議員ノ総選挙ヲ行ヒ、其ノ選挙ノ日ヨリ三十日内ニ国会ヲ召集スベシ。
衆議院解散ヲ命ゼラレタルトキハ参議院ハ同時ニ閉会セラルベシ。
第五十五条　衆議院ハ同一事由ニ基キ重ネテ之ヲ解散スルコトヲ得ズ。
第五十六条　両議院ハ各〻其ノ議員ノ選挙、任命又ハ資格ニ関スル争訟ヲ裁判ス。
議員タルコトヲ証セラレタル者ノ地位ヲ剝奪スル裁判ヲ為スニハ出席議員ノ三分ノ二以上ノ多数ヲ以テ議決ヲ為スコトヲ要ス。

第五十七条　両議院ハ各〻其ノ総員三分ノ一以上出席スルニ非ザレバ議事ヲ開キ議決ヲ為スコトヲ得ズ。

両議員ノ議事ハ此ノ憲法ニ特例ヲ定メタル場合ヲ除クノ外出席議員ノ過半数ヲ以テ之ヲ決ス。可否同数ナルトキハ議長ノ決スル所ニ依ル。

第五十八条　両議院ノ議事ハ公開ス。秘密会ヲ開クコトヲ得ズ。

両議院ハ其ノ議事ノ記録ヲ保存シ、且之ヲ公刊シテ公衆ニ頒布スベシ。

出席議員ノ五分ノ一以上ノ要求アルトキハ議案ニ対スル各議員ノ賛否ヲ議事録ニ記載スベシ。

第五十九条　両議院ハ各〻議長其ノ他ノ役員ヲ選任ス。

両議院ハ各〻其ノ会議及議事ニ関スル規則ヲ定メ、議員ニシテ紀律ヲ乱ルモノアルトキハ之ヲ処罰スルコトヲ得。但シ議員ヲ除名スルニハ出席議員三分ノ二以上ノ多数ヲ以テ議決ヲ為スコトヲ要ス。

第六十条　凡テ法律ハ法律案ニ依ルニ非ザレバ之ヲ議決スルコトヲ得ズ。

法律案ハ両議院ニ於テ可決セラレタルトキ法律トシテ成立ス。

衆議院ニ於テ引続キ三回可決シテ参議院ニ移シタル法律案ハ衆議院ニ於テ之ニ関スル最初ノ議事ヲ開キタル日ヨリ二年ヲ経過シタルトキハ参議院ノ議決アルト否トヲ問ハズ法律トシテ成立ス。

第六十一条　予算ハ前ニ衆議院ニ提出スベシ。

参議院ニ於テ衆議院ト異リタル議決ヲ為シタル場合ニ於テ、法律ノ定ムル所ニ依リ両議院ノ協議会ヲ開クモ仍意見一致セザルトキハ衆議院ノ決議ヲ以テ国会ノ決議トス。

第六十二条　前条第二項ノ規定ハ条約、国際約定及協定ノ締結ニ要スル国会ノ協賛ニ付之ヲ準用ス。

第六十三条　両議院ハ各〻国務ニ関スル調査ヲ為シ、之ニ関スル証人ノ出頭、証言ノ供述及記録ノ提出ヲ要求スルコトヲ得。此ノ場合ニ於テハ法律ノ定ムル所ニ依リ其ノ要求ニ応ゼザル者ヲ処罰スルコトヲ得。

第六十四条　内閣総理大臣及国務各大臣ハ両議院ノ一ニ議席ヲ有スルト否トヲ問ハズ何時タリトモ法律案ニ付討論ヲ為ス為出席スルコトヲ得。質問又ハ質疑ニ対スル答弁ヲ要求セラレタルトキハ出席スルコトヲ要ス。

第六十五条　国会ハ罷免ノ訴追ヲ受ケタル裁判官ヲ裁判スル為両議院ノ議員ヲ以テ組織スル弾劾裁判所ヲ構成スベシ。

第六十六条　国会ハ此ノ憲法ノ規定ヲ施行スルニ必要ナル凡テノ法律ヲ制定スベシ。

第五章　内　閣

第六十七条　行政権ハ内閣之ヲ行フ。

第六十八条　内閣ハ其ノ首長タル内閣総理大臣及其ノ他ノ国務大臣ヲ以テ組織ス。内閣ハ行政権ノ行使ニ付国会ニ対シ連帯シテ其ノ責ニ任ズ。

第六十九条　内閣総理大臣ハ国会ノ決議ヲ以テ選定ス。此ノ選定ノ議事ハ他ノ凡テノ議事ニ先チテ之ヲ行フベシ。衆議院ト参議院トガ異リタル選定ヲ為シタル場合ニ於テ、法律ノ定ムル所ニ依リ両議院ノ協議会ヲ開クモ仍意見一致セザルトキハ衆議院ノ決議ヲ以テ国会ノ決議トス。

第七十条　内閣総理大臣ハ国会ノ協賛ヲ以テ国務大臣ヲ選定ス。此ノ協賛ニ付テハ前条第二項ノ規定ヲ準用ス。内閣総理大臣ハ任意ニ国務大臣ノ罷免ヲ決定スルコトヲ得。

第七十一条　内閣ハ衆議院ニ於テ不信任ノ決議案ヲ可決シ又ハ信任ノ決議案ヲ否決シタルトキハ十日以内ニ衆議院ヲ解散セザル限リ総辞職ヲ為スコトヲ要ス。

第七十二条　内閣総理大臣欠クルニ至リタルトキ又ハ衆議院議員ノ任期満了ニ因ル総選挙ノ後ニ於テ初メテ国会ノ召集アリタルトキハ内閣ハ総辞職ヲ為スコトヲ要ス。

第七十三条　前二条ノ場合ニ於テハ内閣ハ新ニ内閣総理大臣ノ任命セラルル迄ノ間仍其ノ職務ヲ行フベシ。

第七十四条　内閣総理大臣ハ内閣ヲ代表シテ法律案ヲ提出シ、一般国務及外交関係ノ状況ヲ国会ニ報告シ、且行政各部ヲ監視董督ス。

第七十五条　内閣ハ他ノ一般政務ノ外特ニ左ノ事務ヲ執行ス。

一　法律ヲ誠実ニ執行シ国務ヲ掌理スルコト

二　外交関係ヲ処理スルコト

三　条約、国際約定及協定ヲ締結スルコト但シ時宜ニ従ヒ事前又ハ事後ニ於テ国会ノ協

賛ヲ得ルコトヲ要ス

四　国会ノ定ムル規準ニ従ヒ内政事務ヲ掌理スルコト

五　予算ヲ作成シテ国会ニ提出スルコト

六　此ノ憲法及法律ノ規定ヲ実施スル為命令及規則ヲ制定公布スルコト但シ其ノ命令及規則ニハ刑罰規定ヲ設クルコトヲ得ズ

七　大赦、特赦、減刑、刑ノ執行停止及復権ヲ決定スルコト

第七十六条　衆議院ノ解散其ノ他ノ事由ニ因リ国会ヲ召集スルコト能ハザル場合ニ於テ公共ノ安全ヲ保持スル為特ニ緊急ノ必要アルトキハ、内閣ハ事後ニ於テ国会ノ協賛ヲ得ルコトヲ条件トシテ法律又ハ予算ニ代ルベキ閣令ヲ制定スルコトヲ得。

第七十七条　凡テノ法律及命令ハ主務大臣署名シ、内閣総理大臣之ニ副署スルコトヲ要ス。

第七十八条　国務各大臣ハ其ノ在任中ハ内閣総理大臣ノ許諾ナクシテ訴追セラルルコトナシ。但シ之ニ因リテ訴追ノ権利ヲ害スルコトヲ得ズ。

第六章　司　法

第七十九条　司法権ハ裁判所独立シテ之ヲ行フ。

裁判所ハ最高裁判所及法律ヲ以テ定ムル其ノ他ノ下級裁判所トス。

特別裁判所ハ之ヲ設置スルコトヲ得ズ。

第八十条　最高裁判所ハ終審裁判所トス。

第八十一条　此ノ憲法第三章ノ規定ニ関連アル法令又ハ行政行為ガ此ノ憲法ニ違反スルヤ否ヤノ争訟ニ付テハ最高裁判所ノ裁判ヲ以テ終審トス。

前項ニ掲グルモノヲ除キ、法令又ハ行政行為ガ此ノ憲法ニ違反スルヤ否ヤノ争訟ニ付最高裁判所ノ為シタル判決ニ対シテハ国会ハ再審ヲ為スコトヲ得。此ノ場合ニ於テ両議院ハ各〻其ノ総員三分ノ二以上ノ多数ヲ得ルニ非ザレバ最高裁判所ノ判決ヲ破棄スルコトヲ得ズ。

前項ノ再審ノ手続ハ法律ヲ以テ之ヲ定ム。

第八十二条　外国ノ大使、公使及領事ニ係ル事件ノ管轄ハ最高裁判所ニ専属ス。

第八十三条　凡テ裁判官ハ良心ニ従ヒ厳正公平ニ其ノ職務ヲ執行スベシ。

裁判官ハ此ノ憲法及法律ニ依ルノ外其ノ職務ノ執行ニ付他ノ干渉ヲ受クルコトナシ。

第八十四条　最高裁判所ノ裁判官ノ任命ハ之ニ次グ最初ノ衆議院議員総選挙ノ際国民ノ審査ニ付シ、爾後十年ヲ経過シタル後最初ニ行ハルル衆議院議員総選挙ノ際国民ノ審査ニ付スベシ。其ノ後ニ於テ亦同ジ。

前項ノ場合ニ於テ、国民ノ多数ガ当該裁判官ノ罷免ヲ表示シタルトキハ其ノ者ハ罷免セラルベシ。

前項ノ審査ニ関スル事項ハ法律ヲ以テ之ヲ定ム。

第八十五条　下級裁判所ノ裁判官ノ任命ハ最高裁判所ノ指名ニ係ル少クトモ倍数ノ候補者ノ中ヨリ之ヲ為スベシ。下級裁判所ノ判事ハ其ノ任期ヲ十年トシ、再任ヲ妨ゲズ。

第八十六条　裁判官ハ満七十歳ニ達シタルトキハ当然退官ス。
第八十七条　前三条ニ掲グル場合ノ外、裁判官ハ刑法ノ宣告、弾劾裁判所ノ判決又ハ懲戒事犯若ハ心身耗弱ヲ理由トスル裁判所ノ罷免判決ニ依ルニ非ザレバ罷免セラルルコトナシ。
弾劾ニ関スル事項ハ法律ヲ以テ之ヲ定ム。
第八十八条　裁判官ハ法律ノ定ムル所ニ依リ相当額ノ俸給ヲ受ク。
裁判官ハ懲戒ノ処分其ノ他法律ノ特ニ定ムル事由ニ依ルノ外其ノ意ニ反シテ其ノ俸給ヲ減ゼラルルコトナシ。
第八十九条　裁判ノ対審及判決ハ之ヲ公開ス。但シ安寧秩序又ハ風俗ヲ害スルノ虞アルトキハ法律ノ定ムル所ニ依リ裁判所ノ決議ヲ以テ対審ノ公開ヲ停ムルコトヲ得。
前項但書ノ規定ハ政治ニ係ル犯罪及出版物ニ係ル犯罪其ノ他憲法第三章ノ保障スル国民ノ権利ニ係ル事件ニ付テハ之ヲ適用セズ。
第九十条　最高裁判所ハ此ノ憲法及法律ニ定ムルモノノ外訴訟手続ノ細目、裁判所内部ノ規律其ノ他司法事務処理ニ必要ナル諸規則ヲ定ムルコトヲ得。
下級裁判所ハ最高裁判所ノ委任ニ基キ当該裁判所ノ司法事務処理ニ必要ナル諸規則ヲ定ムルコトヲ得。

第七章　会計

第九十一条　租税ヲ課シ又ハ現行ノ租税ヲ変更スルハ法律ヲ以テスルコトヲ要ス。
現行ノ租税ハ更ニ法律ヲ以テ之ヲ改メザル限ハ旧ニ依リ之ヲ徴収ス。

第九十二条　国債ヲ起シ及予算ニ定メタルモノヲ除クノ外、国庫ノ負担ト為ルベキ契約ヲ為スハ国会ノ協賛ヲ経ベシ。

第九十三条　通貨ノ価値ノ決定及通貨ノ発行ニ関スル事項ハ法律ヲ以テ之ヲ定ム。

第九十四条　国ノ歳出歳入ハ毎年予算ヲ以テ国会ノ協賛ヲ経ベシ。

第九十五条　避クベカラザル予算ノ不足ヲ補フ為ニ又ハ予算ノ外ニ生ジタル必要ノ費用ニ充ツル為ニ予備費ヲ設クベシ。
予備費ヲ支出シタルトキハ後日国会ノ承諾ヲ求ムルコトヲ要ス。

第九十六条　皇室経費ニ関スル予算ハ国ノ予算ノ一部トス。世襲財産ヲ除ク皇室財産ニ付生ズル収支亦同ジ。

第九十七条　国又ハ地方公共団体ハ宗教ニ関スル団体ニ対シ金銭其ノ他ノ財産ヲ出捐スルコトヲ得ズ。国ノ管理ニ属セザル慈善、教育其ノ他之ニ類スル事業ニ対シ亦同ジ。

第九十八条　国ノ歳出歳入ノ決算ハ会計検査院之ヲ検査確定シ、内閣ハ其ノ検査報告ト共ニ之ヲ国会ニ提出スベシ。会計検査院ノ組織及職権ハ法律ヲ以テ之ヲ定ム。

第九十九条　内閣ハ国会及国民ニ対シ少クトモ毎年一回国ノ財政ノ概要ヲ報告スベシ。

第百条　本章ニ掲グルモノノ外、国ノ会計及国有財産ニ関スル事項ハ法律ヲ以テ之ヲ定ム。

第八章　地方自治

第百一条　地方公共団体ノ組織及運営ニ関スル規定ハ地方自治ノ本旨ニ基キ法律ヲ以テ之ヲ定ム。

第百二条　地方公共団体ニハ法律ノ定ムル所ニ依リ其ノ議事機関トシテ議会ヲ設クベシ。
地方税徴収権ヲ有スル地方公共団体ノ長及其ノ議会ノ議員ハ法律ノ定ムル所ニ依リ当該地方公共団体ノ住民ニ於テ之ヲ選挙スベシ。

第百三条　地方公共団体ノ住民ハ自治ノ権能ヲ有シ、法律ノ範囲内ニ於テ条例及規則ヲ制定スルコトヲ得。

第百四条　一ノ地方公共団体ニノミ適用アル特別法ハ法律ノ定ムル所ニ依リ当該地方公共団体ノ住民多数ノ承認ヲ得ルニ非ザレバ国会之ヲ制定スルコトヲ得ズ。

第九章　補　則

第百五条　此ノ憲法ノ改正ハ国会之ヲ発議シ国民ニ提案シテ其ノ承認ヲ求ムベシ。
国会ノ発議ハ両議院各〻其ノ総員三分ノ二以上ノ多数ヲ得ルニ非ザレバ其ノ議決ヲ為スコトヲ得ズ。
国民ノ承認ハ法律ノ定ムル所ニ依リ国民投票ノ多数ヲ以テ之ヲ決ス。

憲法改正案ハ国民ノ承認アリタルトキ憲法改正トシテ成立ス。

憲法改正ハ天皇第七条ノ規定ニ従ヒ之ヲ公布ス。

第百六条　皇室典範ノ改正ハ天皇第三条ノ規定ニ従ヒ議案ヲ国会ニ提出シ法律案ト同一ノ規定ニ依リ其ノ議決ヲ経ベシ。

前項ノ議決ヲ経タル皇室典範ノ改正ハ天皇第七条ノ規定ニ従ヒ之ヲ公布ス。

第百七条　此ノ憲法並ニ之ニ基キ制定セラレタル法律及条約ハ国ノ最高ノ法規ニシテ、之ニ反スル法令、詔勅又ハ行政行為ハ其ノ効ナシ。

第百八条　此ノ憲法施行ノ時ニ於テ現ニ国務大臣、国会議員、裁判官其ノ他ノ公務員タル者ハ後任者ノ選挙又ハ任命セラルル迄此ノ憲法ノ規定ニ拘ラズ仍従前ノ規定ニ従ヒ在任ス。

第百九条　天皇、摂政、国務大臣、国会議員、裁判官其ノ他凡テノ公務員ハ此ノ憲法ヲ尊重擁護スル義務ヲ負フ。

説明書

この説明書は、松本国務大臣により起草されたものであり、前出「日本国憲法」（三月二日案）とともに、昭和二十一年三月四日、連合国最高司令部に提出されたものである。

本仮案ハ司令部交付案ノ基本原則ヲ遵守スルハ勿論其ノ根本形態ニモ出来得ル限リ誠実ニ適応スルノ趣旨ノ下ニ日本国法ノ一般的慣例ニ不必要ニ背反スルコトナキ様ニ其ノ条文及用語ヲ整理スル方針ヲ以テ相当ノ注意ヲ払ヒテ起草セルモノナリ以下ニ本仮案ト司令部交付案トノ間ニ存スル差異ニ付簡単ナル説明ヲ試ミントス

一、交付案ハ国会ヲ一院トセルモ本案ハ二院制ヲ採レリ是レ単ニ世界多数国ノ例ニ倣フトカ又ハ我国過去五十六年間ノ歴史ヲ株守ストカ云フカ如キ理由ニ依ルモノニ非ス二院制カ一院制ニ比シ少クトモ我国情ニ照シテ我国ノ制度トシテハ長所アリト信シタルニ依レリ

右ノ長所ハ不当ナル多数圧制ニ対スル抑制ト行過キタル一時的ノ偏倚ニ対スル制止トニ在リ議会政治ハ必然的ニ選挙制度ト多数決制度ニ依リテ行ハルルモノナル所其ノ結果ハ動モスレハ多数党ノ専制ヲ生シ多数党ノ政策ハ時ニハ一党ノ利害ニ専念スル為国民全体ノ利益ニ副ハサルモノト為ルノ弊アルハ従来幾多ノ実例ノ示ス所ナリ二院制ヲ採ルトキハ衆議院ノ多数党ノ横暴ナル提案ハ或ル程度ニ於テ参議院ニ於テ之ヲ抑制シ得ルノミナラス右ノ如キ抑制機関アリト云フコトノ自覚自体カ多数党ヲシテ初ヨリ横暴ヲ戒慎セシムルノ作用ヲ生スヘシ

更ニ又我国民性ハ動モスレハ国論国策ヲシテ左右何レニ向テモ過激ニ偏倚セシムルノ傾ナキトセス是レ深ク省察スルコトナク軽シク時ノ勢力ニ阿付スル事大性雷同性ノ然ラシ

ムル所ニシテ我々トシテ誠ニ慙愧ニ耐ヘサル次第ナルモ此ノ如キ悲ムヘキ傾向アルコトハ確カニ事実ナリ其ノ結果トシテ政局ノ安定ヲ欠キ国勢ノ健全ナル発達ヲ妨ケタル実例多キハ今更言フ迄モナキ所ナリ二院制ヲ採ルトキハ或ル程度ニ於テ此ノ如キ一時的ノ偏倚ヲ制止シ国政ノ安定ヲ図ルコトヲ得ヘシ

本試案ハ上述セルカ如キ考慮ノ下ニ二院制ヲ採用スルコトトセリ然モ其ノ二院制ハ現行憲法ノソレト比シ全ク面目ヲ一新セルモノニシテ一方ニ於テハ参議院ノ組織カ地域別及職能別ニ全国民中ノ有識ナル代表者ヲ集ムルコトニ依リ最モ健全ナル民意ヲ反映セシメントスルモノナル点ニ於テ全ク従来ノ貴族院ト趣ヲ異ニセルモノナリ即チ貴族院ノ主要ナル構成分子タリシ皇族華族ヲ排除シタルハ勿論ナリ而シテ参議院中ニ内閣任命ノ議員ヲ認メタルハ或ル種類ノ職能ニ付テハ適当ナル被選挙資格ヲ定ムルコト又ハ適当ナル選挙母体ヲ発見スルコトヲ得サルモノアルヲ以テ此ノ種ノ職能ノ代表者ヲモ網羅スル為両議院議員ヨリ成ル委員会ノ議ヲ経テ内閣ニ於テ議員ヲ任命シ得ル制度ヲ設ケントセルモノナリ

他ノ一方ニ於テ従来ノ貴族院ハ憲法上ハ衆議院ト全ク同一ノ権限ヲ有シ対等ノ地位ヲ占ムルモノナルニ対シ本試案ノ参議院ハ法律案、予算案ノ議決其ノ他凡テノ点ニ於テ衆議院ニ比シ第二次的地位ヲ有スルニ過キサルモノニシテ両院ノ意思異ルトキハ参議院ハ常ニ終局ニ於テ衆議院ニ譲歩スルニ至ルヘキ様規定セラレアルモノナリ之ニ依リテ参議院カ衆議院ニ対シ反省ヲ促スノ機能ヲ発揮セシムルニ止メ二院ノ意思一致セサル結果国政

運行ニ障碍ヲ来スカ如キ弊ナカラシメンコトヲ期シタルモノナリ

二、交付案ニ於テハ皇室典範ヲ以テ国会ノ制定ニ係ルモノトシ全ク他ノ法律ト区別セサルモノノ如キモ是レ現行法制上皇室典範ヲ以テ皇室ノ自治権ニ基キタル特殊ノ法規トシ其ノ改正ニ議会ノ議ヲ経サルモノトセル主義ニ対比シテ其ノ間ニ余リニ大ナル逕庭アルカ故ニ本試案ニ於テハ皇室典範ノ改正ハ　天皇内閣ノ輔弼ニ依リ国会ニ対シテ之ヲ発案スヘキモノトセル点ニ於テ一般ノ法律トハ異ルモノトセリ此ノ改案ハ事ノ実際上ハ殆ト何等ノ差異ヲ生セサルモノナルモ形式名目ニ拘泥スル我国民性ニ照シ必要ナル最小限度ノ緩和剤タリ得ヘキモノナリト思考ス

三、交付案ノ最終条文第九十二条ハ憲法ノ改正ニ関スル現行法第七十三条ノ規定ト牴触スル現行憲法ノ存在ヲ否定セサル限リ憲法ノ改正ハ此ノ現行法ノ規定ニ依リテノミ為サルヘク別ニ規定ヲ要セサルヘキカ故ニ本試案ニ於テハ右ノ交付案第九十二条ニ該当スル規定ヲ置カサルコトトセリ

四、交付案ノ前文モ亦其ノ日本国民ノ宣言タル形式ヲ採レル点ニ於テ現行法第七十三条ノ趣旨ニ牴触スルモノト観察セサルヘカラス尚ホ現行憲法ノ前文ニハ「将来若此ノ憲法ノ或ル条章ヲ改定スルノ必要ナル時宜ヲ見ルニ至ラハ　朕及　朕カ継統ノ子孫ハ発議ノ権ヲ執リ之ヲ議会ニ付シ議会ハ此ノ憲法ノ定メタル要件ニ依リ之ヲ議決スルノ外　朕カ子孫及臣民ハ敢テ之カ紛更ヲ試ミルコトヲ得サルヘシ」ト明言セルヲ以テ此儘ノ形式ノ前文ヲ付スルコトハ至難ナリ然レトモ右前文ノ趣旨ニ至リテハ固ヨリ賛同ニ躊躇セサルモ

ノナルカ故ニ此趣旨ノ詔書ヲ改正憲法ト同時ニ公布スルカ又ハ議会ニ於テ改正憲法ノ議決ヲ為スニ当リ之ト類似ノ形式ヲ以テ決議案ヲ上程議決シテ公表スルカ等ノ方法ニ依リテ目的ノ到達ヲ図ルヲ可トスヘキヤト思料シ此点ニ付テハ目下考慮中ナリ

五、以上ニ述ヘタル諸点ノ外或ハ条文ノ順序ヲ変更シ或ハ或ル比較的非重要ト認ムヘキ条項ヲ削除シ或ハ交付案ノ趣旨ニ毫モ牴触スルコトナシト思ハルル条項ヲ追加シ或ハ或ル章ヲ合同シ其ノ他条項ノ文章用語ニ多少ノ変更ヲ加ヘ殊ニ之ヲ簡単化シタル点多々アリ然レトモ此等ノ軽微ナル点ハ交付案ノ根本形態トハ没交渉ナリト思考スルヲ以テ煩ヲ避ケテ茲ニ一一之ヲ挙ケサルコトトセリ

付3　大日本帝国憲法（旧憲法）

告文

皇朕レ謹ミ畏ミ
皇祖
皇宗ノ神霊ニ誥ケ白サク皇朕レ天壌無窮ノ宏謨ニ循ヒ惟神ノ宝祚ヲ承継シ旧図ヲ保持シテ敢テ失墜スルコト無シ顧ミルニ世局ノ進運ニ膺リ人文ノ発達ニ随ヒ宜ク
皇祖
皇宗ノ遺訓ヲ明徴ニシ典憲ヲ成立シ条章ヲ昭示シ内ハ以テ子孫ノ率由スル所ト為シ外ハ以テ臣民翼賛ノ道ヲ広メ永遠ニ遵行セシメ益〻国家ノ丕基ヲ鞏固ニシ八洲民生ノ慶福ヲ増進スヘシ玆ニ皇室典範及憲法ヲ制定ス惟フニ此レ皆
皇祖
皇宗ノ後裔ニ貽シタマヘル統治ノ洪範ヲ紹述スルニ外ナラス而シテ朕カ躬ニ逮テ時ト倶ニ挙行スルコトヲ得ルハ洵ニ
皇祖
皇宗及我カ

皇考ノ威霊ニ倚藉スルニ由ラサルハ無シ皇朕レ仰テ
皇祖
皇宗及
皇考ノ神祐ヲ禱リ併セテ朕カ現在及将来ニ臣民ニ率先シ此ノ憲章ヲ履行シテ愆ラサラムコトヲ誓フ庶幾クハ
神霊此レヲ鑒ミタマヘ

憲法発布勅語

朕国家ノ隆昌ト臣民ノ慶福トヲ以テ中心ノ欣栄トシ朕カ祖宗ニ承クルノ大権ニ依リ現在及将来ノ臣民ニ対シ此ノ不磨ノ大典ヲ宣布ス

惟フニ我カ祖我カ宗ハ我カ臣民祖先ノ協力輔翼ニ倚リ我カ帝国ヲ肇造シ以テ無窮ニ垂レタリ此レ我カ神聖ナル祖宗ノ威徳ト並ニ臣民ノ忠実勇武ニシテ国ヲ愛シ公ニ殉ヒ以テ此ノ光輝アル国史ノ成跡ヲ貽シタルナリ朕我カ臣民ハ即チ祖宗ノ忠良ナル臣民ノ子孫ナルヲ回想シ其ノ朕カ意ヲ奉体シ朕カ事ヲ奨順シ相与ニ和衷協同シ益〻我カ帝国ノ光栄ヲ中外ニ宣揚シ祖宗ノ遺業ヲ永久ニ鞏固ナラシムルノ希望ヲ同クシ此ノ負担ヲ分ツニ堪フルコトヲ疑ハサルナリ

朕祖宗ノ遺烈ヲ承ケ万世一系ノ帝位ヲ践ミ朕カ親愛スル所ノ臣民ハ即チ朕カ祖宗ノ恵撫慈

養シタマヒシ所ノ臣民ナルヲ念ヒ其ノ康福ヲ増進シ其ノ懿徳良能ヲ発達セシメムコトヲ願ヒ又其ノ翼賛ニ依リ与ニ俱ニ国家ノ進運ヲ扶持セムコトヲ望ミ乃チ明治十四年十月十二日ノ詔命ヲ履践シ茲ニ大憲ヲ制定シ朕カ率由スル所ヲ示シ朕カ後嗣及臣民及臣民ノ子孫タル者ヲシテ永遠ニ循行スル所ヲ知ラシム

国家統治ノ大権ハ朕カ之ヲ祖宗ニ承ケテ之ヲ子孫ニ伝フル所ナリ朕及朕カ子孫ハ将来此ノ憲法ノ条章ニ循ヒ之ヲ行フコトヲ愆ラサルヘシ

朕ハ我カ臣民ノ権利及財産ノ安全ヲ貴重シ及之ヲ保護シ此ノ憲法及法律ノ範囲内ニ於テ其ノ享有ヲ完全ナラシムヘキコトヲ宣言ス

帝国議会ハ明治二十三年ヲ以テ之ヲ召集シ議会開会ノ時ヲ以テ此ノ憲法ヲシテ有効ナラシムルノ期トスヘシ

将来若此ノ憲法ノ或ル条章ヲ改定スルノ必要ナル時宜ヲ見ルニ至ラハ朕及朕カ継統ノ子孫ハ発議ノ権ヲ執リ之ヲ議会ニ付シ議会ハ此ノ憲法ニ定メタル要件ニ依リ之ヲ議決スルノ外朕カ子孫及臣民ハ敢テ之カ紛更ヲ試ミルコトヲ得サルヘシ

朕カ在廷ノ大臣ハ朕カ為ニ此ノ憲法ヲ施行スルノ責ニ任スヘク朕カ現在及将来ノ臣民ハ此ノ憲法ニ対シ永遠ニ従順ノ義務ヲ負フヘシ

御名御璽

明治二十二年二月十一日

内閣総理大臣 伯爵 黒田清隆
枢密院議長 伯爵 伊藤博文
外務大臣 伯爵 大隈重信
海軍大臣 伯爵 西郷従道
農商務大臣 伯爵 井上馨
司法大臣 伯爵 山田顕義
大蔵大臣兼内務大臣 伯爵 松方正義
陸軍大臣 伯爵 大山巌
文部大臣 子爵 森有礼
逓信大臣 子爵 榎本武揚

大日本帝国憲法

第一章 天皇

第一条 大日本帝国ハ万世一系ノ天皇之ヲ統治ス

第二条　皇位ハ皇室典範ノ定ムル所ニ依リ皇男子孫之ヲ継承ス
第三条　天皇ハ神聖ニシテ侵スヘカラス
第四条　天皇ハ国ノ元首ニシテ統治権ヲ総攬シ此ノ憲法ノ条規ニ依リ之ヲ行フ
第五条　天皇ハ帝国議会ノ協賛ヲ以テ立法権ヲ行フ
第六条　天皇ハ法律ヲ裁可シ其ノ公布及執行ヲ命ス
第七条　天皇ハ帝国議会ヲ召集シ其ノ開会閉会停会及衆議院ノ解散ヲ命ス
第八条　天皇ハ公共ノ安全ヲ保持シ又ハ其ノ災厄ヲ避クル為緊急ノ必要ニ由リ帝国議会閉会ノ場合ニ於テ法律ニ代ルヘキ勅令ヲ発ス
②此ノ勅令ハ次ノ会期ニ於テ帝国議会ニ提出スヘシ若議会ニ於テ承諾セサルトキハ政府ハ将来ニ向テ其ノ効力ヲ失フコトヲ公布スヘシ
第九条　天皇ハ法律ヲ執行スル為ニ又ハ公共ノ安寧秩序ヲ保持シ及臣民ノ幸福ヲ増進スル為ニ必要ナル命令ヲ発シ又ハ発セシム但シ命令ヲ以テ法律ヲ変更スルコトヲ得ス
第十条　天皇ハ行政各部ノ官制及文武官ノ俸給ヲ定メ及文武官ヲ任免ス但シ此ノ憲法又ハ他ノ法律ニ特例ヲ掲ケタルモノハ各〻其ノ条項ニ依ル
第十一条　天皇ハ陸海軍ヲ統帥ス
第十二条　天皇ハ陸海軍ノ編制及常備兵額ヲ定ム
第十三条　天皇ハ戦ヲ宣シ和ヲ講シ及諸般ノ条約ヲ締結ス
第十四条　天皇ハ戒厳ヲ宣告ス

②戒厳ノ要件及効力ハ法律ヲ以テ之ヲ定ム
第十五条　天皇ハ爵位勲章及其ノ他ノ栄典ヲ授与ス
第十六条　天皇ハ大赦特赦減刑及復権ヲ命ス
第十七条　摂政ヲ置クハ皇室典範ノ定ムル所ニ依ル
②摂政ハ天皇ノ名ニ於テ大権ヲ行フ

第二章　臣民権利義務

第十八条　日本臣民タルノ要件ハ法律ノ定ムル所ニ依ル
第十九条　日本臣民ハ法律命令ノ定ムル所ノ資格ニ応シ均ク文武官ニ任セラレ及其ノ他ノ公務ニ就クコトヲ得
第二十条　日本臣民ハ法律ノ定ムル所ニ従ヒ兵役ノ義務ヲ有ス
第二十一条　日本臣民ハ法律ノ定ムル所ニ従ヒ納税ノ義務ヲ有ス
第二十二条　日本臣民ハ法律ノ範囲内ニ於テ居住及移転ノ自由ヲ有ス
第二十三条　日本臣民ハ法律ニ依ルニ非スシテ逮捕監禁審問処罰ヲ受クルコトナシ
第二十四条　日本臣民ハ法律ニ定メタル裁判官ノ裁判ヲ受クルノ権ヲ奪ハルヽコトナシ
第二十五条　日本臣民ハ法律ニ定メタル場合ヲ除ク外其ノ許諾ナクシテ住所ニ侵入セラレ及捜索セラルヽコトナシ
第二十六条　日本臣民ハ法律ニ定メタル場合ヲ除ク外信書ノ秘密ヲ侵サルヽコトナシ

第二十七条　日本臣民ハ其ノ所有権ヲ侵サル丶コトナシ
②公益ノ為必要ナル処分ハ法律ノ定ムル所ニ依ル
第二十八条　日本臣民ハ安寧秩序ヲ妨ケス及臣民タルノ義務ニ背カサル限ニ於テ信教ノ自由ヲ有ス
第二十九条　日本臣民ハ法律ノ範囲内ニ於テ言論著作印行集会及結社ノ自由ヲ有ス
第三十条　日本臣民ハ相当ノ敬礼ヲ守リ別ニ定ムル所ノ規程ニ従ヒ請願ヲ為スコトヲ得
第三十一条　本章ニ掲ケタル条規ハ戦時又ハ国家事変ノ場合ニ於テ天皇大権ノ施行ヲ妨クルコトナシ
第三十二条　本章ニ掲ケタル条規ハ陸海軍ノ法令又ハ紀律ニ牴触セサルモノニ限リ軍人ニ準行ス

第三章　帝国議会

第三十三条　帝国議会ハ貴族院衆議院ノ両院ヲ以テ成立ス
第三十四条　貴族院ハ貴族院令ノ定ムル所ニ依リ皇族華族及勅任セラレタル議員ヲ以テ組織ス
第三十五条　衆議院ハ選挙法ノ定ムル所ニ依リ公選セラレタル議員ヲ以テ組織ス
第三十六条　何人モ同時ニ両議院ノ議員タルコトヲ得ス
第三十七条　凡テ法律ハ帝国議会ノ協賛ヲ経ルヲ要ス

第三十八条　両議院ハ政府ノ提出スル法律案ヲ議決シ及各〻法律案ヲ提出スルコトヲ得
第三十九条　両議院ノ一ニ於テ否決シタル法律案ハ同会期中ニ於テ再ヒ提出スルコトヲ得ス
第四十条　両議院ハ法律又ハ其ノ他ノ事件ニ付各〻其ノ意見ヲ政府ニ建議スルコトヲ得但シ其ノ採納ヲ得サルモノハ同会期中ニ於テ再ヒ建議スルコトヲ得ス
第四十一条　帝国議会ハ毎年之ヲ召集ス
第四十二条　帝国議会ハ三箇月ヲ以テ会期トス必要アル場合ニ於テハ勅命ヲ以テ之ヲ延長スルコトアルヘシ
第四十三条　臨時緊急ノ必要アル場合ニ於テ常会ノ外臨時会ヲ召集スヘシ
②臨時会ノ会期ヲ定ムルハ勅命ニ依ル
第四十四条　帝国議会ノ開会閉会会期ノ延長及停会ハ両院同時ニ之ヲ行フヘシ
②衆議院解散ヲ命セラレタルトキハ貴族院ハ同時ニ停会セラルヘシ
第四十五条　衆議院解散ヲ命セラレタルトキハ勅命ヲ以テ新ニ議員ヲ選挙セシメ解散ノ日ヨリ五箇月以内ニ之ヲ召集スヘシ
第四十六条　両議院ハ各〻其ノ総議員三分ノ一以上出席スルニ非サレハ議事ヲ開キ議決ヲ為スコトヲ得ス
第四十七条　両議院ノ議事ハ過半数ヲ以テ決ス可否同数ナルトキハ議長ノ決スル所ニ依ル
第四十八条　両議院ノ会議ハ公開ス但シ政府ノ要求又ハ其ノ院ノ決議ニ依リ秘密会ト為ス

コトヲ得

第四十九条　両議院ハ各々天皇ニ上奏スルコトヲ得

第五十条　両議院ハ臣民ヨリ呈出スル請願書ヲ受クルコトヲ得

第五十一条　両議院ハ此ノ憲法及議院法ニ掲クルモノ丶外内部ノ整理ニ必要ナル諸規則ヲ定ムルコトヲ得

第五十二条　両議院ノ議員ハ議院ニ於テ発言シタル意見及表決ニ付院外ニ於テ責ヲ負フコトナシ但シ議員自ラ其ノ言論ヲ演説刊行筆記又ハ其ノ他ノ方法ヲ以テ公布シタルトキハ一般ノ法律ニ依リ処分セラルヘシ

第五十三条　両議院ノ議員ハ現行犯罪又ハ内乱外患ニ関ル罪ヲ除ク外会期中其ノ院ノ許諾ナクシテ逮捕セラルヽコトナシ

第五十四条　国務大臣及政府委員ハ何時タリトモ各議院ニ出席シ発言スルコトヲ得

第四章　国務大臣及枢密顧問

第五十五条　国務各大臣ハ天皇ヲ輔弼シ其ノ責ニ任ス

②凡テ法律勅令其ノ他国務ニ関ル詔勅ハ国務大臣ノ副署ヲ要ス

第五十六条　枢密顧問ハ枢密院官制ノ定ムル所ニ依リ天皇ノ諮詢ニ応ヘ重要ノ国務ヲ審議ス

第五章　司法

第五十七条　司法権ハ天皇ノ名ニ於テ法律ニ依リ裁判所之ヲ行フ
②裁判所ノ構成ハ法律ヲ以テ之ヲ定ム
第五十八条　裁判官ハ法律ニ定メタル資格ヲ具フル者ヲ以テ之ニ任ス
②裁判官ハ刑法ノ宣告又ハ懲戒ノ処分ニ由ルノ外其ノ職ヲ免セラル、コトナシ
③懲戒ノ条規ハ法律ヲ以テ之ヲ定ム
第五十九条　裁判ノ対審判決ハ之ヲ公開ス但シ安寧秩序又ハ風俗ヲ害スルノ虞アルトキハ法律ニ依リ又ハ裁判所ノ決議ヲ以テ対審ノ公開ヲ停ムルコトヲ得
第六十条　特別裁判所ノ管轄ニ属スヘキモノハ別ニ法律ヲ以テ之ヲ定ム
第六十一条　行政官庁ノ違法処分ニ由リ権利ヲ傷害セラレタリトスルノ訴訟ニシテ別ニ法律ヲ以テ定メタル行政裁判所ノ裁判ニ属スヘキモノハ司法裁判所ニ於テ受理スルノ限ニ在ラス

第六章　会計

第六十二条　新ニ租税ヲ課シ及税率ヲ変更スルハ法律ヲ以テ之ヲ定ムヘシ
②但シ報償ニ属スル行政上ノ手数料及其ノ他ノ収納金ハ前項ノ限ニ在ラス
③国債ヲ起シ及予算ニ定メタルモノヲ除ク外国庫ノ負担トナルヘキ契約ヲ為スハ帝国議会

ノ協賛ヲ経ヘシ
第六十三条　現行ノ租税ハ更ニ法律ヲ以テ之ヲ改メサル限ハ旧ニ依リ之ヲ徴収ス
第六十四条　国家ノ歳出歳入ハ毎年予算ヲ以テ帝国議会ノ協賛ヲ経ヘシ
②予算ノ款項ニ超過シ又ハ予算ノ外ニ生シタル支出アルトキハ後日帝国議会ノ承諾ヲ求ムルヲ要ス
第六十五条　予算ハ前ニ衆議院ニ提出スヘシ
第六十六条　皇室経費ハ現在ノ定額ニ依リ毎年国庫ヨリ之ヲ支出シ将来増額ヲ要スル場合ヲ除ク外帝国議会ノ協賛ヲ要セス
第六十七条　憲法上ノ大権ニ基ツケル既定ノ歳出及法律ノ結果ニ由リ又ハ法律上政府ノ義務ニ属スル歳出ハ政府ノ同意ナクシテ帝国議会之ヲ廃除シ又ハ削減スルコトヲ得ス
第六十八条　特別ノ須要ニ因リ政府ハ予メ年限ヲ定メ継続費トシテ帝国議会ノ協賛ヲ求ムルコトヲ得
第六十九条　避クヘカラサル予算ノ不足ヲ補フ為ニ又ハ予算ノ外ニ生シタル必要ノ費用ニ充ツル為ニ予備費ヲ設クヘシ
第七十条　公共ノ安全ヲ保持スル為緊急ノ需用アル場合ニ於テ内外ノ情形ニ因リ政府ハ帝国議会ヲ召集スルコト能ハサルトキハ勅令ニ依リ財政上必要ノ処分ヲ為スコトヲ得
②前項ノ場合ニ於テハ次ノ会期ニ於テ帝国議会ニ提出シ其ノ承諾ヲ求ムルヲ要ス
第七十一条　帝国議会ニ於テ予算ヲ議定セス又ハ予算成立ニ至ラサルトキハ政府ハ前年度

ノ予算ヲ施行スヘシ
第七十二条　国家ノ歳出歳入ノ決算ハ会計検査院之ヲ検査確定シ政府ハ其ノ検査報告ト倶ニ之ヲ帝国議会ニ提出スヘシ
②会計検査院ノ組織及職権ハ法律ヲ以テ之ヲ定ム

第七章　補則

第七十三条　将来此ノ憲法ノ条項ヲ改正スルノ必要アルトキハ勅命ヲ以テ議案ヲ帝国議会ノ議ニ付スヘシ
②此ノ場合ニ於テ両議院ハ各〻其ノ総員三分ノ二以上出席スルニ非サレハ議事ヲ開クコトヲ得ス出席議員三分ノ二以上ノ多数ヲ得ルニ非サレハ改正ノ議決ヲ為スコトヲ得ス
第七十四条　皇室典範ノ改正ハ帝国議会ノ議ヲ経ルヲ要セス
②皇室典範ヲ以テ此ノ憲法ノ条規ヲ変更スルコトヲ得ス
第七十五条　憲法及皇室典範ハ摂政ヲ置クノ間之ヲ変更スルコトヲ得ス
第七十六条　法律規則命令又ハ何等ノ名称ヲ用ヰタルニ拘ラス此ノ憲法ニ矛盾セサル現行ノ法令ハ総テ遵由ノ効力ヲ有ス
②歳出上政府ノ義務ニ係ル現在ノ契約又ハ命令ハ総テ第六十七条ノ例ニ依ル

付4　別表1　日本人の生活意識に関する調査　（Q＝質問、SQ＝補質問）

Q1　「われらは平和を維持し、専制と隷従、圧迫と偏狭を地上から永遠に除去しようと努めている国際社会において、名誉ある地位を占めたいと思う。われらは全世界の国民が、ひとしく恐怖と欠乏から免れ、平和のうちに生存する権利を有することを確認する」という文章がありますが、あなたはこの文章をどこかで読んだ記憶がありますか。

1読んだ記憶がある　2読んだような気はするが、はっきりしない　3読んだ記憶はない

SQ1　それは何で読みましたか。

1新聞　2雑誌　3単行本　4教科書　5パンフレット　6その他（記入）

SQ2　あなたの記憶では、この文章は何の一部だと思いますか。

1（記入）　2わからない

Q2　あなたは、天皇の地位について、日本の国民がいろいろ批判することができると思

いますか。
1できると思う　2できないと思う　3わからない　4その他（記入）
Q3　もし、天皇が国会に出向き、国の政治に関して自分の意見を述べるとしたら、あなたはそれに賛成しますか。反対しますか。
1絶対賛成　2あるていど賛成　3どちらともいえない　4あるていど反対　5絶対反対　6わからない
Q4　かりに、アジアのどこかで国際的な紛争がおきたばあい、日本は自衛隊を出動させてこの紛争の解決に加わることができると思いますか。
1できると思う　2できないと思う　3わからない　4その他（記入）
Q5　もし共産主義を信じている人を、その思想や信条を理由として、職場から解雇するとしたら、あなたはそれに賛成しますか。反対しますか。
1非常に賛成　2あるていど賛成　3どちらともいえない　4あるていど反対　5絶対反対　6わからない
Q6　いまの日本で、一般の国民とは身分がちがい、法律でいろいろな特典や恩恵があたえられる貴族や華族がふたたび生まれるとしたら、あなたはそれについてどのようにお考えになりますか。

1そのようなものがいてもいいと思う　2そのようなものはいてはいけない　3どちらともいえない　4わからない

Q7　近く選挙が行なわれますが、あなたがだれか目上の人から、特定の候補者に投票を依頼されたら、あなたはどうしますか。

1依頼どおりにする　2ばあいによって考える　3依頼を拒否しようとする　4断固拒否する　5わからない

Q8　一般に会社や、その他の職場で、従業員の罰則として重労働を課すことができると思いますか。

1できると思う　2できないと思う　3わからない　4その他（記入）

Q9　もし、政府が伊勢神宮を、国家の指定する公の社とする法律を国会に提案したとすれば、あなたはその提案に賛成しますか。反対しますか。

1非常に賛成　2あるていど賛成　3どちらともいえない　4あるていど反対　5絶対反対　6わからない

Q10　いまの日本では、反政府的な考えを持っている人たちが、結社をつくって、反国家的な宣伝をすることが、許されていると思いますか。
1許されていると思う　2許されていないと思う　3わからない　4その他（記入）

Q11　結婚の相手をきめるばあい、本人の気がすすまないのに、親や親戚の人だけで話をきめてしまうことは、よいと思いますか。わるいと思いますか。
1よいと思う　2ばあいによってはよいと思う　3どちらともいえない　4わるくてもしかたないと思う　5わるいと思う　6わからない

Q12　ある人が、どうしても家庭の事情が許さないといって、中学校に行っている子どもを中途退学させるばあい、あなたはそれについてどうお考えになりますか。
1いいと思う　2どちらともいえない　3いけないと思う　4その他（記入）

Q13　ある大学の教授が、反国家的な研究論文を公表したばあい、政府がその論文を反国家的として没収したり、その教授の地位をうばうことが許されると思いますか。
1許されると思う　2ばあいによっては許されると思う　3どうともいえない　4許されないはずだと思う　5絶対に許されない

Q14　ある職場で、勤労者が労働組合をつくって団体交渉を申し込んだところ、使用者側は不穏当な行動だといって、この行動を認めませんでした。それについてあなたはどう思いますか。
1勤労者の行動は認めなければいけない　2勤労者の行動は認めなくともよい　3どちらともいえない　4わからない　5その他（記入）

Q15　もし、あなたの家庭に、警察官が来て家のなかを取り調べたいといったなら、あなたはまずどのように対処しますか。
1警察官のなすがままにまかせる　2いちおう断わる　3捜査令状を提示してもらう　4わからない　5その他（記入）

Q16　ある犯罪の容疑者が強制や拷問によって自白させられ、その自白が証拠となって有罪の判決がおりたばあい、あなたはその判決を正しいと思いますか。思いませんか。
1正しいと思う　2ばあいによっては正しいと思う　3どちらともいえない　4まあ誤りと思う　5絶対誤りと思う

Q17　いまの日本の憲法を改正する手続きとして、つぎのなかから、あなたが正しいと思うものを一つ選んで下さい。

1 衆議院議員の多数決で決定し、国民投票にかける。

2 政府の提案により、国民投票できめる。

3 衆議院・参議院の両院の三分の二以上の賛成で国会が発議し、天皇が公布する。

4 衆議院・参議院の総議員の三分の二以上の賛成で国会が発議し、国民に提案して承認を得る。

5 国民投票の三分の一以上の賛成できまる。

6 わからない。

Q18 「日本国民は、正義と秩序を基調とする国際平和を誠実に希求し、国権の発動たる戦争と、武力による威嚇又は武力の行使は、国際紛争を解決する手段としては、永久にこれを放棄する。前項の目的を達成するため、陸海空軍その他の戦力は、これを保持しない。国の交戦権は、これを認めない」これは日本の憲法の一つの条文ですが、第何条だと思いますか。

1 条　2わからない

SQ1 いま日本には戦車・軍艦・ジェット機などをもつ約二四万名の陸海空自衛隊がありますが、上の憲法条文に照らして、あなたはこの事実に対し、どのようにお考えになりますか。つぎのなかから、あなたのご意見にいちばん近いものを一つ選んで下さい。

1 日本にも軍隊があってよいから、この憲法は不必要だ。

2 自衛のため、やむをえないと思う。

3 どちらともいえない。

4 いけないとは思うが、すでにできている以上やむをえない。

5 自衛隊は憲法のこの条文に違反するから、ただちに解散すべきだ。

6 わからない。

SQ2 先だって東京地裁から砂川事件をめぐる刑事事件に対し「米駐留軍の存在は、日本国憲法の精神に反し、また第九条の規定に違反する」という内容の判決がおりましたが、あなたはその判決がおりたことを知っていますか。

1知っている　2知っていない

SQ3 あなたは最初それを何で知りましたか。

1新聞　2ラジオ　3テレビ　4他の人から聞いた　5週刊誌　6その他（記入）

SQ4 この判決についてどのようにお考えになりますか。

（記入）

Q19　あなたはいまの天皇についてどのようにお考えになりますか。つぎのなかからあなたのご意見にいちばん近いものを一つ選んで下さい。

1　天皇は神聖であり、神や仏と同列におかれるべきだ。

2　天皇は神聖ではあるが、神ではなく人間である。

3　天皇は尊敬すべき人間である。

4　天皇はまったく普通の人間であって、とくに尊敬すべきものでも、また軽蔑すべきものでもない。

5　天皇は徒食していて、まったく尊敬に価しない。

6　天皇は国民を搾取している。

7　天皇は国民を搾取しているだけでなく、戦争の責任者であり犯罪者だ。

Q20　あなたは、つぎの時代の皇后として、正田美智子さんをどう思いますか。

（記入）

Q21　あなたは、労働組合の争議について、つぎのような三つの意見に対し、どちらに賛成ですか。

甲「労働組合のストライキは労働者階級だけの利益や権利を主張するだけであり、一般大衆に迷惑をかけることが多いから、ストライキはやめるべきだ」
乙「労働組合のストライキは、憲法に定められた権利だから、多少一般大衆に迷惑があってもやむをえない」
丙「労働組合のストライキは、結局、一般の人の生活水準を高めることになるからむしろ支援する」
1甲に賛成　2乙に賛成　3丙に賛成　4いずれともいえない　5わからない　6その他（記入）

Q22　あなたは、現在のご自分の生活に対してどの程度満足しておられますか。
1まったく満足　2だいたい満足　3なんともいえない　4やや不満足　5まったく不満足　6わからない

SQ1（4、5と答えた人に）そのご不満は、どのような種類のものでしょうか。
1経済的な不満　2社会的な不満（職場とか地域に対する）　3家庭的な不満　4その他（記入）

Q23　あなたは、かりに現在の社会全体を労働者階級・中産階級・資本家階級の三つの階級に分けるとすれば、あなたご自身はどれに属するとお考えですか。

1労働者階級　2中産階級　3資本家階級　4どれにも属さない　5その他（記入）

Q24　あなたは、かりに、現在の日本社会全体を上、中の上、中の中、中の下、下、五つの層に分けるとすると、あなたご自身はどの層にはいると思いますか。

1上　2中の上　3中の中　4中の下　5下

別表2　質問2　あなたは、天皇の地位について、日本の国民がいろいろ批判することができると思いますか。

女							計
15〜	20〜	30〜	40〜	50〜	60〜	小計	
16	32	24	9	3	—	84	211
4	12	9	12	7	6	50	94
9	12	6	5	2	2	36	43
—	2	—	—	—	—	2	4
29	58	39	26	12	8	172	352

女							計
15〜	20〜	30〜	40〜	50〜	60〜	小計	
3	4	5	3	1	—	16	42
—	—	1	2	3	3	9	21
1	2	1	6	2	4	16	22
—	—	—	—	—	—	—	—
4	6	7	11	6	7	41	85

A　都　市

	男						
年　　　齢	15～	20～	30～	40～	50～	60～	小計
できると思う	20	51	25	12	14	5	127
できないと思う	6	6	9	7	5	11	44
わからない	1	1	3	2	—	—	7
そ　の　他	—	1	1	—	—	—	2
計	27	59	38	21	19	16	180

B　郡　部

	男						
年　　　齢	15～	20～	30～	40～	50～	60～	小計
できると思う	3	10	6	4	—	3	26
できないと思う	—	2	3	2	3	2	12
わからない	2	—	1	—	1	2	6
そ　の　他	—	—	—	—	—	—	—
計	5	12	10	6	4	7	44

別表3　質問3　もし、天皇が国会に出向き、国の政治に関して自分の意見を述べるとしたら、あなたはそれに賛成しますか。反対しますか。

女							計
15〜	20〜	30〜	40〜	50〜	60〜	小計	
1	3	2	—	2	1	9	21
5	15	14	10	7	4	55	103
7	15	8	6	1	—	37	53
11	11	11	7	—	—	40	83
2	9	2	—	—	—	13	61
3	5	2	3	2	3	18	31
29	58	39	26	12	8	172	352

女							計
15〜	20〜	30〜	40〜	50〜	60〜	小計	
1	—	2	1	2	1	7	15
—	1	3	5	1	1	11	22
1	1	—	1	—	1	4	12
—	—	1	—	1	1	3	15
—	2	—	—	—	—	2	5
2	2	1	4	2	3	14	16
4	6	7	11	6	7	41	85

A 都市

	男						
年齢	15〜	20〜	30〜	40〜	50〜	60〜	小計
絶対賛成	2	3	—	1	—	6	12
あるていど賛成	3	8	15	10	7	5	48
どちらともいえない	3	4	4	3	2	—	16
あるていど反対	6	14	11	5	5	2	43
絶対反対	8	26	7	2	2	3	48
わからない	5	4	1	—	3	—	13
計	27	59	38	21	19	16	180

B 郡部

	男						
年齢	15〜	20〜	30〜	40〜	50〜	60〜	小計
絶対賛成	—	1	1	1	1	4	8
あるていど賛成	1	3	3	1	1	2	11
どちらともいえない	2	2	1	1	1	1	8
あるていど反対	2	2	5	3	—	—	12
絶対反対	—	3	—	—	—	—	3
わからない	—	1	—	—	1	—	2
計	5	12	10	6	4	7	44

別表4　質問19　あなたはいまの天皇についてどのようにお考えになりますか。

	都市			郡部		
	男	女	計	男	女	計
神聖で神仏と同列	2	2	4	—	5	5
神聖だが神でない	28	35	63	16	11	27
尊敬すべき人間	54	69	123	12	18	30
ふつうの人間	74	65	139	16	7	23
尊敬に価しない	6	1	7	—	—	—
国民を搾取している	5	—	5	—	—	—
戦争責任ある犯罪者	11	—	11	—	—	—
計	180	172	352	44	41	85

別表5　質問18（第九条をあげて）これは日本の憲法の一つの条文ですが、第何条だと思いますか。

A　都　市

	年　齢	15～	20～	30～	40～	50～	60～	小計
男	正　解	18	40	22	7	12	7	106
	わからない	9	19	16	14	7	9	74
	小　計	27	59	38	21	19	16	180
女	正　解	11	28	10	2	—	1	52
	わからない	18	30	29	24	12	7	120
	小　計	29	58	39	26	12	8	172

B　郡　部

	年　齢	15～	20～	30～	40～	50～	60～	小計
男	正　解	—	3	3	2	—	1	9
	わからない	5	9	7	4	4	6	35
	小　計	5	12	10	6	4	7	44
女	正　解	1	—	1	1	—	—	3
	わからない	3	6	6	10	6	7	38
	小　計	4	6	7	11	6	7	41

別表6　質問4　かりに、アジアのどこかで国際的な紛争がおきたばあい、日本は自衛隊を出動させてこの紛争の解決に加わることができると思いますか。

女							計
15〜	20〜	30〜	40〜	50〜	60〜	小計	
3	2	1	3	3	1	13	42
17	45	30	13	3	1	109	229
9	11	8	10	5	6	49	74
—	—	—	—	1	—	1	7
29	58	39	26	12	8	172	352

女							計
15〜	20〜	30〜	40〜	50〜	60〜	小計	
—	—	1	1	—	—	2	9
1	2	2	7	5	3	20	52
3	4	4	3	1	4	19	23
—	—	—	—	—	—	—	1
4	6	7	11	6	7	41	85

A 都 市

	男						
年　　　　齢	15～	20～	30～	40～	50～	60～	小計
できると思う	5	5	1	8	3	7	29
できないと思う	16	47	31	9	11	6	120
わからない	6	7	5	4	1	2	25
そ　の　他	―	―	1	―	4	1	6
計	27	59	38	21	19	16	180

B 郡 部

	男						
年　　　　齢	15～	20～	30～	40～	50～	60～	小計
できると思う	―	4	―	―	1	2	7
できないと思う	3	7	10	6	2	4	32
わからない	2	1	―	―	1	―	4
そ　の　他	―	―	―	―	―	1	1
計	5	12	10	6	4	7	44

あとがき

　もともとこの講談社現代新書というのは、すべて書き下ろし原稿でやるのが原則になっているそうです。そうなると、わたしのこの小著は、残念ながら、大半すでに一度発表されたものを集めたことになり、まことに相すまぬ気もするのですが、それでもさしつかえなかろうとのお話でしたので、出版に踏みきることにしました。もっとも旧稿とはいいましたが、これらの文章を一冊にまとめたことはまだありません。一度、雑誌に発表されたままだったとか、またある種の編著の中に一編として採られたとかだけで、いわばバラバラに散在した形であったにすぎません。そうした意味で、同じ問題をめぐって、はじめて一本にまとめたということなら、あるいは意味を認めていただけるかもしれません。それぞれの文章が発表された時と場所のことを明らかにしておきます。

「いわゆる『押しつけ』にいたるまで」一九六四年五月三日、憲法問題研究会主催の記念講演会で話しましたが、そのあと、同年七月号「世界」に掲載。「憲法第九条が生まれるまで」一九六一年五月三日、やはり憲法問題研究会主催の記念講演会で述べたもの。同年八月号「世界」に掲載。その後「憲法と私たち」の一編として収められました。『文学・人間・社会』(文藝春秋、一九七六年十一月刊)所収。「『自主的』という看板と真実」一九六四年十月号「潮」に発表。「日本人の憲法意識」一九五九年四月十八日、憲法問題研究会第十回総会で報告したもの。のち『憲法を生かすもの』(岩波書店、一九六一年三月刊)の中に収められています。

さいごに書名の副題は、出版社の希望もありつけました。

本書は、一九六五年九月十六日、講談社現代新書として刊行された。文庫化にあたっては、『中野好夫集Ⅲ』（筑摩書房、一九八四年）を参照した。また、明らかな誤りは適宜訂正し、ルビも増やした。編集部による注は［　］で示してある。本書には、今日の人権意識に照らして不適切と思われる語句や表現があるが、時代的背景と、作品の歴史的・史料的価値に鑑み、加えて著者が故人であることから、そのままとした。

プラグマティズムの思想　魚津郁夫
アメリカ思想の多元主義的な伝統は、九・一一事件以降変貌してしまったのか。「独立宣言」から現代のローティまで、その思想の展開をたどる。

増補 虚構の時代の果て　大澤真幸
オウム事件は、社会の断末魔の叫びだった。衝撃的事件から時代の転換点を読み解き、現代社会と対峙する意欲的論考。（見田宗介）

言葉と戦車を見すえて　加藤周一　小森陽一／成田龍一編
知の巨人・加藤周一が、日本と世界の情勢について、何を考え何を発言しつづけてきたのかが俯瞰できる論考群を一冊に集成。（小森・成田）

敗戦後論　加藤典洋
なぜ今も「戦後」は終わらないのか。敗戦がもたらした「ねじれ」を、どう克服すべきなのか。戦後問題の核心を問い抜いた基本書。（内田樹＋伊東祐吏）

柄谷行人講演集成 1985-1988 言葉と悲劇　柄谷行人
シェイクスピアからウィトゲンシュタインへ、西田幾多郎からスピノザへ。その横断的な議論は批評の可能性そのものを顕示する。計14本の講演を収録。

柄谷行人講演集成 1995-2015 思想的地震　柄谷行人
根底的破壊の後に立ち上がる強靭な言葉と思想――。この20年間の代表的講演を著者自身が精選した待望の講演集。学芸文庫オリジナル。

増補 広告都市・東京　北田暁大
都市そのものを広告化してきた80年代消費社会。その戦略と、90年代のメディアの構造転換は現代を生きる我々に何をもたらしたか、鋭く切り込む。

インテリジェンス　小谷賢
スパイの歴史、各国情報機関の組織や課題から、情報との付き合い方まで――豊富な事例を通して「情報」のすべてがわかるインテリジェンスの教科書。

愛国心　清水幾太郎
近代国家において愛国心はどのように発展したのか。共同体への愛着が排外的暴力とならないために何が必要か。著者の問題意識が凝縮した一冊。（苅部直）

空間の詩学
ガストン・バシュラール
岩村行雄訳
家、宇宙、貝殻など、さまざまな空間が喚起する詩的イメージ。新たなる想像力の現象学を提唱し、人間の夢想に迫るバシュラール詩学の頂点。

リキッド・モダニティを読みとく
ジグムント・バウマン
酒井邦秀訳
変わらぬ確かなものなどもはや何一つない現代世界。社会学の泰斗が身近な出来事や世相から〈液状化〉の具体相に迫る真摯で痛切な論考。文庫オリジナル。

社会学の考え方〔第2版〕
ジグムント・バウマン／ティム・メイ
奥井智之訳
日常世界はどのように構成されているのか。日々変化する現代社会をどう読み解くべきか。読者を〈社会学的思考〉の実践へと導く最高の入門書。新訳。

コミュニティ
ジグムント・バウマン
奥井智之訳
グローバル化し個別化する世界のなかで、コミュニティはいかなる様相を呈しているか。安全をとるか、自由をとるか。代表的社会学者が根源から問う。

ウンコな議論
ハリー・G・フランクファート
山形浩生訳／解説
ごまかし、でまかせ、いいのがれ。なぜ世の中、こんなものがみちるのか。道徳哲学の泰斗がその正体とカラクリを解く。爆笑必至の訳者解説を付す。

世界リスク社会論
ウルリッヒ・ベック
島村賢一訳
迫りくるリスクは我々から何を奪い、何をもたらすのか。『危険社会』の著者が、近代社会の根本原理をくつがえすリスクの本質と可能性に迫る。

民主主義の革命
エルネスト・ラクラウ／シャンタル・ムフ
西永亮／千葉眞訳
グラムシ、デリダらの思想を摂取し、根源的で複数的なデモクラシーへ向けて、新たなヘゲモニー概念を提示した、ポスト・マルクス主義の代表作。

鏡の背面
コンラート・ローレンツ
谷口茂訳
人間の認識システムはどのように進化してきたのか、そしてその特徴とは。ノーベル賞受賞の動物行動学者が試みた抱括的知識による壮大な総合人間哲学。

人間の条件
ハンナ・アレント
志水速雄訳
人間の活動的生活を《労働》《仕事》《活動》の三側面から考察し、《労働》優位の近代世界を思想史的に批判したアレントの主著。
（阿部齊）

革命について　ハンナ・アレント　志水速雄 訳

《自由の創設》をキイ概念としてアメリカとヨーロッパの二つの革命を比較・考察し、その最良の精神を二〇世紀の惨状から救い出す。（川崎修）

暗い時代の人々　ハンナ・アレント　阿部齊 訳

自由が著しく損なわれた時代を自らの意思に従い行動し、生きた人々。政治・芸術・哲学への鋭い示唆を含み描かれる普遍的人間論。（村井洋）

責任と判断　ハンナ・アレント　ジェローム・コーン編　中山元 訳

思想家ハンナ・アレント後期の未刊行論文集。人間の責任の意味と判断の能力を考察し、考える能力の喪失により生まれる〈凡庸な悪〉を明らかにする。

政治の約束　ハンナ・アレント　ジェローム・コーン編　高橋勇夫 訳

われわれにとって「自由」とは何であるのか――。政治思想の起源から到達点までを描き、政治的経験の意味に根底から迫った、アレント思想の精髄。

プリズメン　Th・W・アドルノ　渡辺祐邦／三原弟平 訳

「アウシュヴィッツ以後、詩を書くことは野蛮である」。果てしなく進行する大衆の従順化と、絶対的物象化の時代における文化批判のあり方を問う。

哲学について　ルイ・アルチュセール　今村仁司 訳

カトリシズムの救済の理念とマルクス主義の解放の思想との統合をめざしフランス現代思想を領導した孤高の哲学者。その到達点を示す歴史的文献。

スタンツェ　ジョルジョ・アガンベン　岡田温司 訳

西洋文化の豊饒なイメージの宝庫を自在に横切り、愛・言葉そして喪失の想像力が表象に与えた役割をたどる。21世紀を牽引する哲学者の博覧強記。

アタリ文明論講義　ジャック・アタリ　林昌宏 訳

歴史を動かすのは先を読む力だ。混迷を深める現代文明の行く末を見通し対処するにはどうすればよいのか。「欧州の知性」が危難の時代を読み解く。

プラトンに関する十一章　アラン　森進一 訳

『幸福論』が広く静かに読み継がれているモラリスト、アラン。卓越した哲学教師でもあった彼が平易かつ明快にプラトン哲学の精髄を説いた名著。

コンヴィヴィアリティのための道具

イヴァン・イリイチ
渡辺京二／渡辺梨佐訳

破滅に向かう現代文明の大転換はまだ可能だ！ 人間本来の自由と創造性が最大限活かされる社会をどう作るか。イリイチが遺した不朽のマニフェスト。

重力と恩寵

シモーヌ・ヴェイユ
田辺保訳

「重力」に似たものから、どのようにして免れればよいのか……ただ「恩寵」によって。苛烈な自己無化への意志に貫れた、独自の思索の断想集。ティボン編。

工場日記

シモーヌ・ヴェイユ
田辺保訳

人間のありのままの姿を知り、愛し、そこで生きたい――女工となった哲学者が、極限の状況で自己犠牲と献身について考え抜き、克明に綴った、魂の記録。

青色本

L・ウィトゲンシュタイン
大森荘蔵訳

「語の意味とは何か」。端的な問いかけで始まるこのコンパクトな書は、初めて読むウィトゲンシュタインとして最適な一冊。

（野矢茂樹）

法の概念〔第3版〕

H・L・A・ハート
長谷部恭男訳

法とは何か。ルールの秩序という観念でこの難問に立ち向かい、法哲学の新たな地平を拓いた名著。批判に応える「後記」を含め、平明な新訳でおくる。

解釈としての社会批判

マイケル・ウォルツァー
大川正彦／川本隆史訳

社会の不正を糺すのに、普遍的な道徳を振りかざすだけでは有効でない。暮らしに根ざしながら同時にラディカルな批判が必要だ。その可能性を探究する。

ポパーとウィトゲンシュタインとのあいだで交わされた世上名高い10分間の大激論の謎

デヴィッド・エドモンズ／ジョン・エーディナウ
二木麻里訳

このすれ違いは避けられない運命だった？ 二人の思想の歩み、そして大激論の真相に、ウィーン学団の人間模様やヨーロッパの歴史的背景から迫る。

大衆の反逆

オルテガ・イ・ガセット
神吉敬三訳

二〇世紀の初頭、《大衆》という現象の出現とその功罪を論じながら、自ら進んで困難に立ち向かう《真の貴族》という概念を対置した警世の書。

死にいたる病

S・キルケゴール
桝田啓三郎訳

死にいたる病とは絶望であり、絶望を深く自覚し神の前に自己をすてる。実存的な思索の深まりをデンマーク語原著から訳出し、詳細な注を付す。

英語の発想　安西徹雄
直訳から意訳への変換ポイントは、根本的な発想の転換にこそ求められる。英語と日本語の感じ方、認識パターンの違いを明らかにする翻訳読本。

英文読解術　安西徹雄
単なる英文解釈から抜け出すコツとは？　名コラムニストの作品をテキストに、読解の具体的な秘訣と要点を懇切詳細に教授する、力のつく一冊。

〈英文法〉を考える　池上嘉彦
文法を身につけることとコミュニケーションのレベルでの正しい運用の間のミッシング・リンクを、認知言語学の視点から繋ぐ。（西村義樹）

日本語と日本語論　池上嘉彦
認知言語学の第一人者が洞察する、日本語の本質。既存の日本語論のあり方を整理し、言語類型論の立場から再検討する。（野村益寛）

文章表現　四〇〇字からのレッスン　梅田卓夫
誰が読んでもわかりやすいが自分にしか書けない、そんな文章を書こう。発想を形にする方法、〈メモ〉の利用法、体験的に作品を作り上げる表現の実践書。

反対尋問　フランシス・ウェルマン　梅田昌志郎訳
完璧に見える主張をどう切り崩すか。名弁護士らが用いた技術をあますことなく紹介し、多くの法律家に影響を与えた古典的名著。（平野龍一／高野隆）

概説文語文法　改訂版　亀井孝
傑出した国語学者であった著者が、たんに作品解釈のためだけではない「教養としての文法」を説く。国文法を学ぶ意義を再認識させる書。（屋名池誠）

レポートの組み立て方　木下是雄
正しいレポートを作るにはどうすべきか。『理科系の作文技術』で話題を呼んだ著者が、豊富な具体例をもとに、そのノウハウをわかりやすく説く。

中国語はじめの一歩〔新版〕　木村英樹
発音や文法の初歩から、中国語の背景にあるものの考え方や対人観・世界観まで、身近なエピソードとともに解説。楽しく学べる中国語入門。

異人論序説　赤坂憲雄

内と外とが交わるあわい、境界に生ずる〈異人〉という豊饒なる物語を、さまざまなテクストを横断しつつ明快に解き明かす危険で爽やかな論考。

排除の現象学　赤坂憲雄

いじめ、浮浪者殺害、イエスの方舟事件などのまさに現代を象徴する事件に潜む、〈排除〉のメカニズムを解明する力作評論。（佐々木幹郎）

柳田国男を読む　赤坂憲雄

稲作・常民・祖霊のいわゆる「柳田民俗学」の向こう側にこそ、その思想の豊かさと可能性があった。テクストを徹底的に読み込んだ、柳田論の決定版。

夜這いの民俗学・夜這いの性愛論　赤松啓介

筆おろし、若衆入り、水揚げ……。古来、日本人は性に対し大らかだった。在野の学者が集めた、柳田が切り捨てた性民俗の実像。（上野千鶴子）

差別の民俗学　赤松啓介

人間存在の病巣〈差別〉。実地調査を通して、その実態・深層構造を詳らかにし、根源的解消を企図した赤松民俗学のひとつの到達点。（赤坂憲雄）

非常民の民俗文化　赤松啓介

柳田民俗学による「常民」概念を逆説的な梃子として、「非常民」こそが人間であることを宣言した、赤松民俗学最高の到達点。（阿部謹也）

日本の昔話（上）　稲田浩二編

神々が人界をめぐり鶴女房が飛来する語りの世界。はるかな時をこえて育まれた各地の昔話の集大成。上巻は「桃太郎」などのむかしがたり103話を収録。

日本の昔話（下）　稲田浩二編

ほんの少し前まで、昔話は幼な子が人生の最初に楽しむ文芸だった。下巻には「かちかち山」など動物昔話29話、笑い話123話、形式話7話を収録。

増補　死者の救済史　池上良正

未練を残しこの世を去った者に、日本人はどう向き合ってきたか。民衆宗教史の視点からその宗教観・死生観を問い直す。「靖国信仰の個人性」を増補。

ラーメンの誕生　岡田哲
中国のめんは、いかにして「中華風の和食めん料理」へと発達を遂げたか。外来文化を吸収する日本人の情熱と知恵。丼の中の壮大なドラマに迫る。

神話学入門　大林太良
神話研究の系譜を辿りつつ、民族・文化との関係を解明し、解釈に関する幾つもの視点、神話の分類、類話の分布などについても詳述する。（山田仁史）

アイヌ歳時記　萱野茂
アイヌ文化とはどのようなものか。その四季の暮らしをたどりながら、食文化、習俗、神話・伝承、世界観などを幅広く紹介する。（北原次郎太）

異人論　小松和彦
「異人殺し」のフォークロアの解析を通し、隠蔽され続けてきた日本文化の「闇」の領野を透視する。新しい民俗学誕生を告げる書。（中沢新一）

聴耳草紙　佐々木喜善
昔話発掘の先駆者として「日本のグリム」とも呼ばれる著者の代表作。故郷・遠野の昔話を語り口を生かして綴った一八三篇。（益田勝実／石井正己）

新編 霊魂観の系譜　桜井徳太郎
死後、人はどこへ行くのか。事故死した者にはなぜ特別な儀礼が必要なのか。3・11を機に再び問われる魂の弔い方。民俗学の名著を増補復刊。（宮田登）

江戸人の生と死　立川昭二
神沢杜口、杉田玄白、上田秋成、小林一茶、良寛、滝沢みち。江戸後期を生きた六人は、各々の病と老いをどのように体験したか。（森下みさ子）

差別語からはいる言語学入門　田中克彦
サベツと呼ばれる現象をきっかけに、ことばというものの本質をするどく追究。誰もが生きやすい社会を構築するための、言語学入門！（礫川全次）

汚穢と禁忌　メアリ・ダグラス　塚本利明訳
穢れや不浄を通し、秩序や無秩序、存在と非存在、生と死などの構造を解明。その文化のもつ体系的宇宙観に丹念に迫る古典的名著。（中沢新一）

日本の歴史をよみなおす（全）　網野善彦

中世日本に新しい光をあて、その真実と多彩な横顔を平明に語り、日本社会のイメージを根本から問い直す。超ロングセラーを続編と併せ文庫化。

米・百姓・天皇　網野善彦／石井進

日本とはどんな国なのか、なぜ米が日本史を解く鍵なのか、通史を書く意味は何なのか。これまでの日本史理解に根本的転回を迫る衝撃の書。（伊藤正敏）

列島の歴史を語る　網野善彦　藤沢・網野さんを囲む会編

日本は決して「一つ」ではなかった！　中世史に新次元を開いた著者が、日本の地理的・歴史的な多様性と豊かさを平明に語った講演録。（五味文彦）

列島文化再考　網野善彦／塚本学／坪井洋文／宮田登

近代国家の枠組みに縛られた歴史観をくつがえし、列島に生きた人々の真の姿を描き出す、歴史学・民俗学の幸福なコラボレーション。（新谷尚紀）

日本社会再考　網野善彦

歴史の虚像の数々を根底から覆してきた網野史学。漁業から交易まで多彩な活躍を繰り広げた海民に光をあて、知られざる日本像を鮮烈に甦らせた名著。

図説　和菓子の歴史　青木直己

饅頭、羊羹、金平糖にカステラ、その時々の外国文化の影響を受けながら多種多様に発展した和菓子。その歴史を多数の図版とともに平易に解説。

今昔東海道独案内　東篇　今井金吾

いにしえから庶民が辿ってきた幹線道路・東海道。日本人の歴史を、著者が自分の足で辿りなおした名著。東篇は日本橋より浜松まで。（今尾恵介）

今昔東海道独案内　西篇　今井金吾

江戸時代、弥次喜多も辿った五十三次はどうなっていたのか。二万五千分の一地図を手に訪ねる。西篇は浜松より京都までに伊勢街道を付す。（金沢正脩）

物語による日本の歴史　石母田正／武者小路穣

古事記から平家物語まで代表的古典文学を通して、国生みからはじまる日本の歴史を子ども向けにやさしく語り直す。網野善彦編集の名著。（中沢新一）

ちくま学芸文庫

私《わたし》の憲法勉強《けんぽうべんきょう》　嵐《あらし》の中《なか》に立《た》つ日本《にほん》の基本法《きほんほう》

二〇一九年四月十日　第一刷発行

著　者　中野好夫（なかの・よしお）

発行者　喜入冬子

発行所　株式会社　筑摩書房

東京都台東区蔵前二―五―三　〒一一一―八七五五

電話番号　〇三―五六八七―二六〇一（代表）

装幀者　安野光雅

印刷所　大日本法令印刷株式会社

製本所　株式会社積信堂

ISBN978-4-480-09923-5 C0132